Johann Lafers Mittelmeerküche

Sonderausgabe der Naumann & Göbel Verlagsgesellschaft mbH
in der VEMAG Verlags- und Mediengesellschaft, Köln
Alle Rechte bei Gruner + Jahr AG & Co KG, Hamburg
Redaktion und Text: Roswitha Schneider
Art Director: Christian Talla, Ricarda Fassio
Layout: Heike Diem, Klaus Elbers
Rezepte: Johann Lafer, Johann Lafer's Stromburg
55442 Stromberg, Tel. 0 67 24/93 10-0
Fax: 0 67 24/93 10-90, Internet: www.johannlafer.de
E-Mail: stromburghotel@johannlafer.de
Studioküche: Thomas Kahl
»e&t«-Versuchsküche: Jürgen Büngener
Rezeptfotos und Arrangement: Kramp + Gölling; Studio-Fotos: Dieth + Schröder;
sonstige Fotos: H. Banderob, G. Beer, D. Begovic, M. Haupt, U. Kimmig, J. Lehmann,
B. Robers, Staatlich Marokkanisches Fremdenverkehrsamt, R. Stradtmann, Zefa
Schlussredaktion: Karin Schanzenbach
Bildbearbeitung: Jutta Wolf
Projektleitung: Dr. Frank Stahmer
Titelgestaltung: Naumann & Göbel
Gesamtherstellung: Naumann & Göbel Verlagsgesellschaft mbH, Köln
Alle Rechte vorbehalten
ISBN 3-625-10979-4
www.naumann-goebel.de

Johann Lafers Mittelmeerküche

Inhalt

Regionen **6**

Spanien **14**

Tunesien **38**

Griechenland **52**

Frankreich **74**

Balkan **98**

Italien **108**

Marokko **130**

Türkei **140**

Im Studio **154**

Register **158**

Rund ums Mittelmeer

Von Spanien bis in die Türkei, von Frankreich bis nach Marokko: Gehen Sie mit uns auf eine aufregende kulinarische Reise durch acht der schönsten Regionen rund um das „mare nostrum"!

Von der Sonne verwöhnt und der Inbegriff des Südens: vollreife Tomaten, Olivenöl, Oliven, saftige Zitronen und süße Melonen, knuspriges Weißbrot und Rotwein

Spanien: gelobtes Land der Tapas

Die Küche der Iberischen Halbinsel – das ist viel mehr als Paella und Gazpacho. Römer und Phönizier brachten Wein und Olivenbäume, der langen Herrschaft der Mauren verdankt sie Kreuzkümmel, Safran, Muskat, Auberginen, Kichererbsen, Knoblauch, Zitrusfrüchte und vor allem Reis. Olivenöl, Paprika in allen Schattierungen und Schweinefleisch sind wichtiger Bestandteil vieler Speisen. Aus Schweinefleisch wird z. B. auch die *chorizo* hergestellt, eine Knoblauch-Paprika-Wurst, die man pur isst, aber auch als Füllung für knusprige *empenadas* (Teigtaschen), Huhn oder Omeletts einsetzt. Ein Klassiker ist die *tortilla española*, ein Kartoffel-Omelett, das mit Gemüse, Käse oder Fleisch in zahllosen Variationen angeboten wird. Meeresfrüchte und Fische genießt der Spanier schlicht in Öl gebraten oder im Salzteig gebacken. Ein Gaumenschmaus für sich sind die *tapas*, fantasievolle Häppchen aus Wurst, Schinken, Muscheln, Krabben, Gemüse, Eiern, Hackfleisch oder Fisch. Man verzehrt sie als Mittagessen oder mit einem Glas Sherry als Appetizer vor dem Abendessen, das in Spanien immer sehr spät eingenommen wird. Typisch für die Mittelmeerprovinzen Katalonien, Valencia, Murcia und Andalusien sind z. B. *zarzuela*, die baskische Fischsuppe, *crema catalana*, die Vanillecreme mit der braunen Zuckerkruste, Knoblauch- und Gemüsesaucen zu Fisch und Fleisch, Reisgerichte, *jamón de Jabugo*, einer der besten Schinken dieser Welt, und *turrón*, die süße Mandelpaste. Weine von hervorragender Qualität kommen aus den nordspanischen Regionen Rioja, Ribera del Duero und Navarra; Jerez in Andalusien ist die Heimat des Sherrys, und rund um Barcelona sind die großen Cava-Marken zu Hause, der spanische Schaumwein mit traditioneller Flaschengärung.

Aus Südwestchina von den Portugiesen in den Mittelmeerraum gebracht, sind Orangen heute ein wichtiger Exportartikel Spaniens

RUND UMS MITTELMEER

Malerische Touristenattraktion: Fischerorte an der dalmatinischen Adriaküste

Balkan: köstliche Vielfalt

Die südöstlichste Halbinsel Europas beherbergt ein wahres Völkergemisch. Entsprechend vielfältig ist die Küche. Im Norden spürt man den Einfluss der k. und k.-Monarchie: Schweinefleisch, Sauerkraut, saure Sahne und Mehlspeisen. Im Süden herrscht die großzügige Verwendung von Olivenöl vor, und man isst gern scharf. Gegrilltes Fleisch, allem voran Lamm und die bekannten *cevapcici*, gefüllte Gemüse, Frischkäse und Joghurt bestimmen den Speisezettel. Entlang der Adria wird Fisch auf Olivenholz gegrillt oder mit Knoblauch, Tomaten, Kräutern und Weißwein zu einer köstlichen Suppe verarbeitet. Austern, Hummer und Muscheln werden überbacken serviert. Im mediterranen Dalmatien wachsen auch die feinsäuerlichen Maraskakirschen, aus denen der Likör Maraschino hergestellt wird. Im Landesinneren ist der *djuvec* zu Hause, ein kräftig gewürzter Eintopf aus Schweine- oder Hammelfleisch, Gemüse, Kartoffeln und Reis. Zu den beliebtesten Süßigkeiten gehören *halvas*, unser „türkischer Honig", und *tufahije*, gefüllte Äpfel.

Thé à la menthe: erfrischt und löscht den Durst

Marokko
Paradies der Gewürze

Die nordafrikanische und damit auch die marokkanische Küche ist geprägt von arabischen, maurisch-andalusischen und französischen Einflüssen. Eines der Nationalgerichte ist *couscous*, ein gedämpfter Getreidegrieß, zu dem man Fleisch, Fisch, geschmortes Gemüse, aber auch gezuckerte Milch reicht. Gewürze spielen eine große Rolle: Allgegenwärtig sind *harissa* (eine Würzsauce aus Knoblauch, Paprika, Petersilie und Olivenöl), Kurkuma, Kreuzkümmel, Koriander, Orangenblüten- und Rosenwasser, die gekochten Kichererbsen, gefülltem Blätterteig oder den *merguez* (scharfe gegrillte Würstchen aus Hammel-, Lamm- oder Rindfleisch) ihr unverwechselbares Aroma geben. Überhaupt findet das Fleisch von jungen Hammeln und Lämmern vielseitige Verwendung – langsam am Spieß gebraten oder mit viel Gemüse geschmort. *Thé à la menthe*, Tee aus grünen chinesischen Teeblättern, frischer Pfefferminze und viel Zucker, ist ein beliebtes Getränk, das die Marokkaner den ganzen Tag begleitet. Da Alkohol weitgehend verpönt ist, labt man sich auch an Granatapfelsaft, Butter- oder Mandelmilch und Mineralwasser. Trotzdem werden in Marokko Reben angebaut. Die einheimischen Weiß-, Rosé- und Rotweine sind meist trocken, vollmundig und nicht zu schwer.

Griechenland: genussvoll tafeln

Im Land der Götter und Tempel wird überwiegend einfach und bäuerlich gegessen. Ein griechisches Menü könnte zum Beispiel so aussehen: Als Vorspeisen stehen *dolmadákia* (mit Reis gefüllte Weinblätter), *piperjés* (gebratene Paprikaschoten) und *dsadsíki* (mit Gurke und Knoblauch gewürzter Joghurt) auf dem Tisch. Als Hauptgang wird *mussaká* serviert, ein herzhafter Auflauf aus Auberginen und Hackfleisch, *suvláki*, Fleisch und Gemüse vom Grillspieß, *stifádo*, ein Rinder- oder Kaninchengulasch mit Zwiebeln in einer Tomaten-Zimt-Sauce, oder knusprig gebratene Koteletts vom Lamm, Rind oder Schwein. Tintenfische und Muscheln genießt man gekocht oder als säuerlichen Salat. Der griechische Feta, ein bröckeliger Käse in Salzlake, der aus Schafmilch sein sollte, gehört fast in jeden Salat aus Gurken, Tomaten, Zwiebeln und Oliven. Desserts wie *baklavá* (Nuss-Honig-Schnitten) oder mit Grießpudding gefüllter Filoteig verraten den nahen Osten, der dickflüssige aromatische Kaffee die Nähe zur Türkei. Als Aperitif, zum Essen oder danach trinkt man – unverdünnt klar oder mit Wasser milchig trüb – Ouzo, den Nationalschnaps mit Anis- und Fenchelaroma. Eine griechische Besonderheit auf der Weinkarte ist der Retsina, ein geharzter, nach Terpentin schmeckender Wein. Zwischen den Mahlzeiten knabbert man gerne: Kürbis- und Sonnenblumenkerne, Mandeln, Kichererbsen und vor allem Pistazien.

Oliven sind im ganzen Mittelmeerraum verbreitet. Sie werden mit Kräutern und Gewürzen eingelegt, gefüllt und zu Olivenöl verarbeitet

RUND UMS MITTELMEER

Auf den tunesischen Märkten herrscht reges Treiben

Tunesien: Couscous, Reis und Pasta

Im kleinsten Staat des Maghreb verbinden sich moslemische Tradition mit mediterraner Lebensart. Wie in den anderen nordfrikanischen Ländern isst man gern Couscous, Lamm- und Hammelgerichte und süßes Gebäck, doch in Tunesien spürt man auch italienische Einflüsse. Reis, Pasta und Polenta sind sehr beliebt, dabei werden die Nudeln wie Couscous in einem Spezialtopf gedämpft. Typisch für das Land sind auch süß-saure Möhren, mit Thunfisch und Ei gefüllte Teigtaschen und Fleischspieße, die vor dem Grillen mit Koriander und Kreuzkümmel gewürzt werden.

Türkei: Freude am üppigen Mahl

Europäische und orientalische Einflüsse haben dem Land zwischen Orient und Okzident eine Fülle von Köstlichkeiten beschert. Das fängt bei den reichhaltigen Vorspeisen, den *meze,* an: Kleine Pasteten, Rindfleisch in Knoblauchsauce, gebratene oder eingelegte Gemüse, frische Salate und Früchte, Schafs- oder Ziegenkäse mit schwarzen Oliven, mit Fladenbrot und *Raki* (Traubenschnaps mit Anisgeschmack) serviert, sind nur ein paar Beispiele. Der Reigen wird fortgesetzt mit *börek* (gefüllte Teigtaschen), *izgara* (gemischter Grillteller), *köfte* (scharf gewürzte Frikadellen) und reichlich Gemüse, das mit Pfefferschoten, Tomaten und Zwiebeln im eigenen Saft gegart wird. Neben frischem Obst ist *lokma* (gebratener, in Zuckersirup getauchter Hefeteig) des Türken liebstes Dessert. Mit türkischem Kaffee oder Tee endet das üppige Mahl, an heißen Tagen erfrischt auch *ayran* (Joghurt mit Wasser und einer Prise Salz).

Wunderbarer Imbiss: Hauchdünn ausgerollter Teig wird mit Fleisch, Fisch, Gemüse oder Käse gefüllt und gebacken

Italien: lustvoll schlemmen

Die besten Tomaten: unter der Mittelmeersonne gereift, vollreif gepflückt, saftig und würzig süß

La cucina italiana lebt von der kulinarischen Vielfalt der Regionen. Wir beschränken uns auf die Küste und beginnen in Ligurien, wo der *pesto alla genovese*, eine Paste aus Pinienkernen, Basilikum, Knoblauch, Olivenöl und zweierlei Käse, und die *focaccia*, ein hefefreier, dünner Brotfladen, erfunden wurden. Zu den Spezialitäten der Toskana gehören das *bistecca alla fiorentina*, ein gewaltiges T-Bone-Steak, die Gemüsesuppen *ribollita* und *aquacotta*, der Tomaten-Brot-Salat *panzanella* und *panforte*, ein Mandel-Nuss-Kuchen aus Siena. Latium hat feine Gerichte mit Lamm, Spanferkel, Artischocken und Zucchini zu bieten, Kampanien ist die Heimat der Pizza, des Mozzarellas aus Büffelmilch und des *insalata caprese* aus Tomaten, Mozzarella und Basilikum. In Kalabrien und der Basilikata ganz im Süden des Landes nimmt sich die Küche eher bescheiden aus, Geschmortes und Gebratenes vom Schwein, Auberginen, Tomaten und Paprika sind die Grundlage vieler Gerichte. Ganz anders Apulien: Mit ihren fruchtbaren Ebenen ist die Region am Stiefelabsatz und -sporn ein reiches Obst- und Gemüseland und nennt die größten Austernbänke Italiens ihr Eigen. In den Abruzzen und in Molise weiden große Schafherden, entsprechend oft genießt man Lammfleisch in allen Variationen, immer mit *peperoncini* scharf gewürzt. Die Marken sind berühmt für ihre Fischsuppen, Würste und Trüffeln. Die Emilia-Romagna wird auch der „Bauch Italiens" genannt, entsprechend üppig ist das Angebot an Würsten, Schinken, Käse, Pasta, Früchten und Fischen. Der *parmigiano reggiano* (Parmesan) und der *prociutto di parma* (Parmaschinken) gehen in die ganze Welt. In Venetien wird die Küche vom Fischfang aus der Lagune und Gemüsereichtum aus dem Hinterland geprägt. In Friaul-Julisch Venetien schließlich spürt man einerseits den kosmopolitischen Einfluss der Habsburger Monarchie, andererseits wird einfach-bäuerlich gekocht.

RUND UMS MITTELMEER

Frankreich: Kochkunst vom Feinsten

Von den drei Provinzen, die direkt an das Mittelmeer grenzen, hat die Provence die größte Anziehungskraft. Die Sonne gibt Knoblauch, Oliven und ihrem Öl, Gemüse, Kräutern und Früchten das unvergleichliche Aroma. Daraus macht der Provenzale zum Beispiel einen *salade niçoise* aus rohem Gemüse, Eiern, Sardellen und Oliven, die *ratatouille*, einen Gemüsetopf, die *anchoïade*, eine mit Knoblauch, Essig, Öl und Kräutern gewürzte Sardellenpaste, die *tapenade*, einen Aufstrich aus Sardellen, schwarzen Oliven und Kapern und die *aïoli*, eine Knoblauchmayonnaise. Aus Marseille stammt die *bouillabaisse*, die berühmteste aller Fischsuppen, und von den kräuterreichen Hochweiden kommt das Fleisch für delikate Lammgerichte. Im Languedoc werden Langusten, Fische und anderes Meeresgetier gern mit Fenchel zubereitet oder als *brandade*, Stockfischpüree, serviert. Im Landesinneren steht das mächtige *cassoulet* im Mittelpunkt des Interesses. Schweinefleisch, Hammelfleisch oder Rebhuhn, Gans, Ente und Knoblauchwurst schmoren mit Speck, weißen Bohnen und Gewürzen in reichlich Gänseschmalz. Im angrenzenden Roussillon ist die Nähe zu Spanien spürbar. An der Küste spricht man schon Katalanisch, und die Gerichte verleugnen ihre Verwandtschaft zum Nachbarland nicht: *paella*, *chorizo*, die Knoblauch-Paprika-Wurst, *oulade*, eine Kohlsuppe, und die *tourons*, ein Konfekt aus Nüssen, getockneten Früchten, Eiweiß und Zucker. Eingeklemmt zwischen Provence und Languedoc-Roussillon: Bouches-du-Rhône und der Naturpark Camargue mit Reisfeldern und Salinen, weißen Pferden und schwarzen Rindern, die das Fleisch fürs *bœuf à la provençale*, ein würziges Rinderragout, liefern.

Was wäre die Mittelmeerküche ohne Knoblauch! Die Knolle eines Zwiebelgewächses gehört zu den stärksten und gesündesten Gewürzen, das an Vielseitigkeit kaum zu überbieten ist.

Spanien

Paella, Crema catalana und geschmortes Kaninchen in vielen Spielarten gehören zu den Grundpfeilern der spanischen Küche. Lassen Sie sich überraschen, wie Johann Lafer diese Klassiker neu kreiert!

Bizzare Granitfelsen an der Costa Brava, der „unwirtlichen Küste" am spanischen Mittelmeer

Paella

In Valencia zur Welt gekommen, ist die Paella zum spanischen Klassiker schlechthin geworden und auch bei uns ein beliebtes Sommergericht

Für 4 Portionen:
2 Hähnchenkeulen (à 250 g)
Salz, Pfeffer
300 g Schweinefilet
2 Knoblauchzehen
1 Gemüsezwiebel (250 g)
1 rote Paprikaschote (200 g)
1 gelbe Paprikaschote (200 g)
10 El Olivenöl
350 g Risottoreis
(z. B. Arborio)
1 l Hühnerbrühe
2 Kapseln Safranfäden
(oder 2 Briefchen)
250 g Miesmuscheln
8 Riesengarnelen mit Schale
(à 25 g)
150 g TK-Erbsen
2 unbehandelte Zitronen

1. Von den Hähnchenkeulen die Haut entfernen und die Keulen im Gelenk durchschneiden. Salzen und pfeffern. Schweinefilet in ½ cm dicke Scheiben, Knoblauch und Zwiebel in feine Würfel schneiden. Paprika vierteln, entkernen, schälen und quer in Streifen schneiden.

2. 4 El Olivenöl in einer großen Pfanne erhitzen und das Schweinefilet darin scharf anbraten. Mit Salz und Pfeffer würzen und auf eine Platte geben. In der Pfanne wieder 2 El Olivenöl erhitzen, Paprika darin 2 Minuten braten und zum Schweinefilet geben. Restliches Olivenöl in der Pfanne erhitzen, die Hähnchenteile darin bei mittlerer Hitze rundherum goldbraun anbraten und aus der Pfanne nehmen. Knoblauch, Zwiebeln und Reis in die Pfanne geben und kurz glasig dünsten.

3. Hühnerbrühe mit dem Safran aufkochen. Die Hälfte der Brühe und die Hähnchenteile zum Reis geben. Im vorgeheizten Ofen auf der mittleren Schiene bei 200 Grad (Gas 3, Umluft 180 Grad) 20–25 Minuten garen.

4. In der Zwischenzeit die Muscheln gründlich waschen und putzen. Offene Muscheln entfernen. Garnelen waschen. Fleisch, Paprika und Erbsen unter den Reis mischen. Restliche Brühe zugießen, Garnelen und Muscheln auf den Reis legen. Weitere 15 Minuten im Ofen garen.

5. Zitronen in Spalten schneiden. Nicht geöffnete Muscheln entfernen. Paella mit den Zitronenspalten servieren.

Zubereitungszeit 1 Stunde
Pro Portion 54 g E, 39 g F, 83 g KH = 908 kcal (3798 kJ)

SPANIEN

SPANIEN

Mallorquinisches Kaninchen

Kaninchen- und Schweinefleisch werden auf der Baleareninsel bevorzugt zu würzigen Schmorgerichten verarbeitet

Für 4 Portionen:
- 1 Kaninchen (ca. 1,7 kg, küchenfertig)
- 500 g weiße Zwiebeln
- 6 Knoblauchzehen
- 1 rote Pfefferschote
- Salz, Pfeffer
- 10 El Olivenöl
- 100 ml Weißwein
- 600 ml Geflügelfond
- 1 Kapsel Safranfäden
- 1 Zimtstange
- 3 Gewürznelken
- 80 g schwarze Oliven (ohne Stein)
- 8 Stiele Thymian
- 80 g Rosinen
- 40 g Pinienkerne (goldbraun geröstet)

1. Vom Kaninchen Fett, Haut und Sehnen entfernen. Nieren und Leber auslösen und beiseite legen. Kaninchenkeulen und Vorderläufe auslösen. Keulen in je 2 gleich große Stücke hacken. Rücken mit Bauchlappen in 4 Teile hacken.

2. Zwiebeln halbieren und in Streifen, Knoblauch in dünne Scheiben schneiden. Pfefferschote längs halbieren, entkernen und in grobe Stücke schneiden.

3. Kaninchenteile (außer Leber und Nieren) salzen und pfeffern. In einem Bräter 5 El Olivenöl erhitzen und die Kaninchenteile darin bei mittlerer Hitze rundherum goldbraun anbraten. Herausnehmen und auf eine Platte legen. 3 El Olivenöl im Bräter erhitzen. Zwiebeln, Knoblauch, Pfefferschote darin kurz andünsten. Mit Weißwein und Geflügelfond ablöschen. Safran, Zimt und Nelken zugeben. Keulen und Vorderläufe auf das Gemüse legen. Im vorgeheizten Backofen auf der mittleren Schiene bei 180 Grad (Gas 2–3, Umluft nicht empfehlenswert) 1 Stunde garen. Oliven längs halbieren. Nach 50 Minuten Oliven, Thymian, Rosinen, Pinienkerne und die Rückenteile zugeben. Zugedeckt in den letzten 10 Minuten auf dem Herd bei mittlerer Hitze mitgaren.

4. Leber und Nieren in 1 cm dicke Streifen schneiden. Kurz vor dem Servieren das restliche Olivenöl in einer Pfanne erhitzen und die Leber und Nieren darin bei milder Hitze 1–2 Minuten braten. Mit Salz und Pfeffer würzen. Mit den Kaninchenteilen und dem Gemüse servieren.

Zubereitungszeit 1:50 Stunden
Pro Portion 67 g E, 44 g F, 21 g KH = 757 kcal (3167 kJ)

Catalan-Törtchen mit Feigen-Sherry-Ragout

Die klassische Crema catalana hat Johann Lafer zu diesem feinen Gebäck inspiriert

Für 4 Stück:
Biskuit
2 Eier (Kl. M)
40 g feiner Zucker
2 El Vanillezucker
30 g Mehl
2 Msp. Backpulver
50 g gemahlene Mandeln
Butter und
Mehl für die Formen
Joghurt-Espuma
3 Blatt weiße Gelatine
400 g Vollmilchjoghurt
50 g Zucker
100 ml Schlagsahne
Feigen-Sherry-Ragout
12 frische Feigen
80 g Zucker
100 ml trockener Sherry
200 ml schwarzer Johannisbeersaft
2 El Zitronensaft
½–1 El Speisestärke
Sherry-Krokant
80 g Zucker
20 ml trockener Sherry

1. Für den Biskuit Eier, Zucker und Vanillezucker mit den Quirlen des Handrührers über dem heißen Wasserbad cremig-dicklich aufschlagen. Dann auf Eis kalt schlagen. Mehl, Backpulver und Mandeln mischen und mit einem Gummispatel nach und nach vorsichtig unter die Eimasse heben. 4 Tarteletteförmchen (à 8 cm Ø) dünn mit Butter einpinseln und mit Mehl bestäuben. Biskuitmasse auf die 4 Formen verteilen. Im vorgeheizten Backofen auf der mittleren Schiene bei 180 Grad (Gas 2–3, Umluft 160 Grad) 8–10 Minuten backen. Aus dem Ofen nehmen und abkühlen lassen.

2. Für den Joghurt-Espuma die Gelatine in kaltem Wasser einweichen. Die Hälfte des Joghurts mit dem Zucker erwärmen. Gelatine gut ausdrücken und darin auflösen. Vom Herd nehmen, restlichen Joghurt und Sahne zugeben und mit einem Schneebesen gut verrühren. In eine Gourmet-Whip-Flasche füllen. 2 isi-Sahnekapseln aufschrauben, kräftig schütteln und die Flasche für ca. 3 Stunden in den Kühlschrank stellen.

3. Für das Feigen-Sherry-Ragout die Feigen schälen und halbieren. Zucker hellbraun karamellisieren, mit Sherry ablöschen und mit 150 ml Johannisbeersaft und Zitronensaft auffüllen. So lange kochen lassen, bis der Karamell aufgelöst ist. Speisestärke mit dem restlichen Johannisbeersaft verrühren und den kochenden Sud damit binden. Feigen zugeben und abkühlen lassen.

4. Für den Sherry-Krokant Zucker und Sherry in einem kleinen Topf erhitzen und hellbraun karamellisieren lassen. Sofort auf einen Bogen Backpapier (50 x 30 cm) gießen. Mit einem zweiten Bogen Backpapier abdecken und mit einer Kuchenrolle hauchdünn ausrollen. Erstarren lassen. Papier abziehen, den Karamell vorsichtig vom Papier lösen und in grobe Stücke teilen.

5. Abgekühlte Biskuitböden aus den Formen lösen. Das Feigenragout auf die Böden verteilen. Joghurt-Espuma darauf spritzen. Krokantstücke in die Creme stecken und die Törtchen sofort servieren.

Zubereitungszeit 1:20 Stunden (plus Kühlzeit)
Pro Stück 15 g E, 24 g F, 122 g KH = 792 kcal (3318 kJ)

SPANIEN

SPANIEN

Stockfischbällchen

Vom Arme-Leute-Essen zur Delikatesse mutiert: der Stockfisch. Beliebt bei Katalanen und Basken

Für 30 Stück:
300 g mehlig kochende Kartoffeln
Salz
300 g Stockfisch
(ca. 200 g Rohgewicht, in mehrfach erneuertem Wasser mindestens 24 Stunden gewässert)
20 g Butter
50 g Weißbrotwürfel (ohne Rinde)
2 El Crème fraîche
3 El Schlagsahne
1 Ei (Kl. M)
2 El glatte Petersilie (grob gehackt)
¼ Tl gemahlener Zimt
Pfeffer
Öl zum Frittieren

1. Die Kartoffeln mit Schale in kochendem Salzwasser 25–30 Minuten garen. Inzwischen Stockfisch gut abtropfen lassen, trockentupfen und grob würfeln. Butter erhitzen und die Brotwürfel darin goldbraun rösten. Kartoffeln abgießen, ausdämpfen lassen, pellen und durch eine Kartoffelpresse in eine Schüssel drücken.

2. Stockfisch und Brotwürfel durch die feine Scheibe des Fleischwolfs drehen. Zu den Kartoffeln geben und mit Crème fraîche, Sahne, Ei, Petersilie, Zimt und Pfeffer zu einer glatten Masse verkneten. Abgedeckt 30 Minuten kalt stellen.

3. Aus der Stockfischmasse mit einem kleinen Eisportionierer 30 Kugeln abstechen und mit nassen Handflächen zu Bällchen formen. Im 170 Grad heißen Öl portionsweise in 2 Minuten goldbraun frittieren. Auf Küchenpapier abtropfen lassen.

Zubereitungszeit 50 Minuten (plus Kühl- und Einweichzeit)
Pro Stück 6 g E, 5 g F, 2 g KH = 76 kcal (320 kJ)

Spinat-Tortilla

Ursprünglich war die Tortilla ein schlichtes Kartoffelomelett. Kreative Köche haben unzählige Varianten hervorgebracht, Johann Lafer eine mit Spinat und Ziegenkäse

Für 15 Stücke:
300 g junger Spinat
2 Knoblauchzehen
20 g Pinienkerne
2 kleine Ziegenkäse
(z. B. Picandou, à 40 g)
30 g Rosinen
20 g Butter
½ Tl dünn abgeriebene Zitronenschale (unbehandelt)
Salz, Pfeffer
Muskatnuss
4 Eier (Kl. M)
2 El Olivenöl
Außerdem
Holzspießchen

1. Spinat putzen und waschen. Knoblauch fein würfeln. Pinienkerne in einer Pfanne ohne Fett goldbraun rösten. Ziegenkäse in 1 cm große Würfel schneiden.

2. Rosinen und Knoblauch in der heißen Butter andünsten. Spinat, Pinienkerne und Zitronenschale zugeben. Mit Salz, Pfeffer und Muskat würzen. So lange garen, bis der Spinat zusammenfällt. Dann sofort in ein Sieb geben, gut abtropfen und abkühlen lassen. Käsewürfel unterheben.

3. Eier verquirlen und mit Salz und Pfeffer würzen. Olivenöl in einer ofenfesten beschichteten Pfanne (18 cm Ø) erhitzen. Eier hineingeben und bei milder Hitze leicht stocken lassen. Spinatmasse gleichmäßig darauf verteilen und im vorgeheizten Backofen auf der mittleren Schiene bei 180 Grad (Gas 2–3, Umluft 160 Grad) in 10–12 Minuten stocken lassen.

4. Pfanne aus dem Ofen nehmen, Tortilla am Rand vorsichtig lösen, auf einen großen flachen Teller gleiten und abkühlen lassen. Dann in ca. 4 x 4 cm große Quadrate schneiden und auf kleine Holzspieße stecken.

Zubereitungszeit 40 Minuten (plus zeit zum Abkühlen)
Pro Stück 3 g E, 7 g F, 2 g KH = 80 kcal (338 kJ)

SPANIEN

SPANIEN

Crema catalana

Crème brulée oder Crema catalana – sowohl die Franzosen als auch die Katalanen nehmen für sich in Anspruch, diese Süßspeise erfunden zu haben

Für 4 Portionen:
750 ml Milch
50 g Zucker
abgeriebene Schale von ½ Zitrone (unbehandelt)
50 g Speisestärke
6 Eigelb (Kl. M)
4 El brauner Zucker zum Gratinieren

1. 375 ml Milch mit Zucker und Zitronenschale in einem Topf erhitzen. Stärke mit der restlichen Milch und Eigelb glattrühren.

2. Eiermilch zur heißen Milch geben. Bei mittlerer Hitze unter ständigem Rühren so lange erhitzen, bis eine dickliche Creme entsteht (die Creme darf auf keinen Fall kochen!).

3. Dann den Topf vom Herd nehmen, die Crema catalana auf 4 flache Schalen verteilen (z. B. spezielle spanische Tonschälchen) und vollkommen abkühlen lassen.

4. Jeweils 1 El braunen Zucker gleichmäßig auf die Crema streuen. Mit einem Bunsenbrenner den Zucker karamellisieren. Sofort servieren.

Zubereitungszeit 30 Minuten (plus Kühlzeit)
Pro Portion 12 g E, 17 g F, 52 g KH = 408 kcal (1713 kJ)

Mariniertes Kaninchen auf süß-saurem Zwiebelsalat

So veredelt Johann Lafer ein Kaninchen: Das Rückenfilet wird mariniert, sanft gebraten und auf einem Bett aus Rauke und Zwiebeln serviert

Für 4 Portionen:

Süß-saurer Zwiebelsalat
- 500 g kleine Zwiebeln (oder Perlzwiebeln)
- 2 El Zucker
- 2 El Tomatenmark
- 6 El weißer Aceto balsamico
- 1 Lorbeerblatt
- 40 g Rosinen
- Salz, Pfeffer
- 80 g Rauke

Mariniertes Kaninchen
- 8 Kaninchenrückenfilets
- 5 El Olivenöl
- Salz, Pfeffer
- ½ El Thymian (fein gehackt)
- ½ El Rosmarin (fein gehackt)
- 1 Knoblauchzehe (fein gewürfelt)
- 50 ml Weißwein
- 150 ml Geflügelfond
- 1 Tl mittelscharfer Senf
- 2–3 El weißer Aceto balsamico

1. Für den Zwiebelsalat die Zwiebeln kurz in warmes Wasser legen, dann schälen. Zucker in einen heißen Topf geben. Tomatenmark zugeben, etwas anrösten, mit Essig ablöschen und mit 450 ml Wasser auffüllen. Zwiebeln, Lorbeer und Rosinen zugeben. Kurz aufkochen, mit Salz und Pfeffer würzen. Dann bei milder Hitze 30 Minuten kochen. Anschließend abkühlen lassen. Rauke putzen, waschen und trockenschleudern.

2. Für das marinierte Kaninchen die Rückenfilets von Haut und Sehnen befreien und im heißen Olivenöl rundum goldbraun anbraten. Mit Salz und Pfeffer würzen, Kräuter und Knoblauch zugeben. Fleisch aus der Pfanne nehmen und auf eine ofenfeste Platte legen. Im vorgeheizten Backofen auf der mittleren Schiene bei 150 Grad (Gas 1–2, Umluft 140 Grad) 6–8 Minuten garen.

3. Für die Marinade den Bratensatz in der Pfanne mit Weißwein ablöschen und mit Fond auffüllen. Senf zugeben, verrühren und etwas einkochen lassen. Mit Essig, Salz und Pfeffer abschmecken und vom Herd nehmen. Kaninchenfleisch längs in 2–3 mm dünne Scheiben schneiden, in die Marinade legen und darin 30 Minuten ziehen lassen.

4. Zwiebelsalat mit Rauke auf flachen Tellern anrichten und mit den marinierten Kaninchenscheiben belegen. Mit Marinade beträufelt servieren.

Zubereitungszeit 1:20 Stunden (plus Marinierzeit)
Pro Portion 25 g E, 15 g F, 32 g KH = 374 kcal (1563 kJ)

SPANIEN

SPANIEN

Dattelspieße

Sie gehören zu den beliebtesten Tapas: einfach und schnell gemacht, hinreißend gut im Geschmack

Für 20 Stück:

20 geschälte ganze Mandeln
20 Datteln
10 Scheiben durchwachsener Speck (ca. 150 g)
4 El Olivenöl
5 El Marsala
Pfeffer
Außerdem
Holzspießchen

1. Mandeln in einer Pfanne ohne Fett goldbraun rösten und abkühlen lassen. Von den Datteln die Stielansätze abschneiden. Datteln längs einschneiden, aber nicht halbieren. Dann aufklappen und die Steine entfernen. Jeweils 1 Mandel in 1 Dattel stecken.

2. Speckscheiben längs halbieren. Jeweils ½ Speckscheibe fest um 1 Dattel wickeln und mit einem Holzspießchen feststecken.

3. Olivenöl in einer beschichteten Pfanne erhitzen und die Datteln darin bei mittlerer Hitze in 2–3 Minuten rundherum goldbraun anbraten. Mit Marsala ablöschen und einkochen lassen. Mit Pfeffer würzen und sofort servieren.

Zubereitungszeit 25 Minuten
Pro Stück 2 g E, 5 g F, 7 g KH = 75 kcal (313 kJ)

Paella-Bratlinge mit Muschel-Garnelen-Ragout

Das kommt heraus, wenn Johann Lafer sich der Paella annimmt: eine geniale Kombination aus Reisoulette und Meeresfrüchten

Für 4 Portionen:
Muscheln-Garnelen-Ragout
800 g Miesmuscheln
50 g Zwiebeln
5 Knoblauchzehen
9 El Olivenöl
150 ml Weißwein
1 kleine rote Paprikaschote (120 g)
1 kleine gelbe Paprikaschote (120 g)
12 Riesengarnelen (à 25 g)
50 g TK-Erbsen
Salz, Pfeffer
Chilipulver
1 El glatte Petersilie (fein gehackt)
Bratlinge
1 Schalotte
1 Knoblauchzehe
7 El Olivenöl
100 g Risottoreis (z. B. Arborio)
1 Kapsel Safranfäden
150 ml Geflügelbrühe
10 g Butter
20 g frisch geriebener Parmesan
Salz
Chilipulver
1 Ei (Kl. M)
12 dünne Scheiben Chorizo (spanische Paprikawurst)

1. Für das Muschel-Garnelen-Ragout die Muscheln unter kaltem Wasser gründlich abbürsten, die Bärte entfernen und geöffnete Muscheln entsorgen. Zwiebeln und 2 Knoblauchzehen grob würfeln. 2 El Olivenöl erhitzen, Zwiebeln und Knoblauch darin glasig dünsten. Muscheln zugeben, mit Wein ablöschen und zugedeckt bei mittlerer Hitze 5 Minuten garen. Muschelsud abgießen, 300 ml abmessen und beiseite stellen. Ungeöffnete Muscheln entfernen und aus den restlichen Muscheln das Fleisch auslösen. Beiseite stellen.

2. Für die Paella-Bratlinge Schalotte und Knoblauch fein würfeln. 2 El Olivenöl erhitzen und Schalotten und Knoblauch darin glasig dünsten. Reis und Safran zugeben und glasig dünsten. Mit 150 ml Muschelsud und Geflügelbrühe aufgießen und offen bei milder Hitze 20 Minuten kochen lassen, bis der Reis die ganze Flüssigkeit aufgenommen hat, dabei öfter umrühren. Dann Butter und Parmesan unterrühren, mit Salz und Chili abschmecken und abkühlen lassen.

3. In der Zwischenzeit für das Muschel-Garnelen-Ragout die Paprika vierteln, entkernen, schälen und quer in ½ cm breite Streifen schneiden. Restlichen Knoblauch fein würfeln. Restliches Olivenöl erhitzen und die Garnelen mit Paprika und Knoblauch darin anbraten. Restlichen Muschelsud, Erbsen und Muschelfleisch zugeben. Mit Salz, Pfeffer und etwas Chili abschmecken. Abgedeckt warm stellen. Kurz vor dem Servieren die Petersilie zugeben.

4. Für die Bratlinge das Ei trennen und das Eigelb unter den abgekühlten Safranrisotto mischen. Eiweiß mit 1 Prise Salz steif schlagen und vorsichtig mit einem Gummispatel unter den Risotto heben.

5. Restliches Olivenöl erhitzen. Bei mittlerer Hitze 8 kleine goldbraune Paella-Bratlinge braten, auf Küchenpapier abtropfen lassen und mit dem Muschel-Garnelen-Ragout und Chorizo anrichten.

Zubereitungszeit 1:10 Stunden
Pro Portion 28 g E, 53 g F, 27 g KH = 700 kcal (2930 kJ)

SPANIEN

SPANIEN

Mandelkuchen

Der Wallfahrtsort Santiago di Compostela im Nordwesten Spaniens gilt als die Heimat dieses schlichten Gebäcks

Für 6–8 Stücke:
3 Eier (Kl. M)
100 g Zucker
130 g gemahlene Mandeln
fein abgeriebene Schale von
½ Zitrone (unbehandelt)
6 El Mandelsirup
Salz
20 g Speisestärke
40 g ganze geschälte Mandeln
1 Kapsel Safranfäden

1. Eier trennen. Eiweiß kalt stellen. Eigelb und 50 g Zucker in der Küchenmaschine sehr schaumig schlagen. Mandeln, Zitronenschale und 2 El Sirup zugeben und kurz weiterschlagen.

2. Mit den Quirlen des Handrührers das Eiweiß mit 1 Prise Salz leicht anschlagen. Dann den restlichen Zucker nach und nach einrieseln lassen und steif schlagen. Eischnee und Speisestärke abwechselnd locker mit einem Gummispatel unter die Mandelmasse heben.

3. Den Boden einer Tarteform (22 cm Ø) mit Backpapier auslegen und den Teig in die Form füllen. Die ganzen Mandeln auf dem Teig verteilen.

4. Im vorgeheizten Ofen auf der mittleren Schiene bei 160 Grad (Gas 1–2, Umluft 140 Grad) 35–40 Minuten backen. Aus dem Ofen nehmen, abkühlen lassen. Den restlichen Mandelsirup erwärmen, Safran zugeben, 4–5 Minuten ziehen lassen, bis sich der Sirup gelblich färbt. Kuchen mit dem Mandel-Safran-Sirup einpinseln.

Zubereitungszeit 1 Stunde (plus Abkühlzeit)
Pro Stück (bei 8 Stücken) 7 g E, 14 g F, 21 g KH = 237 kcal (990 kJ)

Mandelschaum-Omeletts mit Pfirsichspalten

Locker, luftig, leicht: Johann Lafer verwandelt den
Mandelkuchen in ein schaumiges Omelett mit Sangria-Sabayon

Für 4 Portionen:
Pfirsichspalten
4 Pfirsiche
60 g Zucker
100 ml trockener Sherry
2 Stiele Minze
Omeletts
125 ml Milch
40 g Zucker
1 Pk. Vanillezucker
20 g Mehl
3 Eier (Kl. M)
30 g gemahlene Mandeln
2 El Mandelsirup
Salz
30 g Butterschmalz
4 El Mandelblättchen
Sangria-Sabayon
3 Eigelb (Kl. M)
40 g brauner Zucker
100 ml Sangria

1. Pfirsiche waschen, trockentupfen, halbieren und entsteinen. Die Hälften jeweils in 3–4 Spalten schneiden.

2. Zucker in einem Topf goldgelb karamellisieren und mit Sherry ablöschen. Pfirsiche zugeben und bei milder Hitze 1–2 Minuten dünsten. Vom Herd nehmen und etwas abkühlen lassen. Kurz vor dem Servieren abgezupfte Minzeblätter zugeben und vorsichtig unterheben.

3. Für die Schaumomeletts Milch, Zucker und Vanillezucker kurz aufkochen. Mehl zugeben, mit einem Schneebesen verrühren und die Masse nochmals aufkochen lassen. Vom Herd nehmen und abkühlen lassen. Eier trennen, Eigelb, gemahlene Mandeln und Mandelsirup zugeben und zu einem glatten Teig rühren.

4. Eiweiß mit 1 Prise Salz steif schlagen und unter den Teig heben. Etwas Butterschmalz in einer beschichteten Pfanne (24 cm Ø) erhitzen. 1 El Mandelblättchen zugeben und sofort ¼ des Teiges darauf geben und glatt streichen. Im vorgeheizten Ofen auf der mittleren Schiene bei 200 Grad (Gas 3, Umluft 180 Grad) in 5–6 Minuten goldbraun backen. Restlichen Teig ebenso verarbeiten.

5. Für das Sabayon Eigelb, Zucker und Sangria über dem heißen Wasserbad in 4–5 Minuten cremig-dicklich aufschlagen.

6. Jeweils ¼ der Pfirsiche auf 1 Omelett geben, das Omelett mit Hilfe eines Gummispatels halb über die Pfirsiche klappen und aus der Pfanne auf eine Platte stürzen. Mit dem Sabayon servieren.

Zubereitungszeit 1:10 Stunden
Pro Portion 14 g E, 28 g F, 58 g KH = 558 kcal (2340 kJ)

SPANIEN

Tunesien

Kichererbsen und Datteln, Möhren und Sesam sind im kleinsten Maghreb-Staat unverzichtbarer Bestandteil der Küche. Was Johann Lafer daraus macht? Blättern Sie um!

**Tunesiens Küste:
im Norden meist steil,
im Osten sandig
und lagunenreich**

Kichererbsen-Geflügel-Eintopf

Aus der in Nordafrika und im Nahen Osten beliebten Hülsenfrucht bereitet Johann Lafer einen leichten Eintopf

Für 4–6 Portionen:
250 g getrocknete Kichererbsen
1 Maishähnchen (ca. 1,5 kg)
1 Zimtstange
2 Sternanis
2 Lorbeerblätter
300 g Möhren
150 g Staudensellerie
Salz, Pfeffer
½ Stange Porree
2 rote Pfefferschoten
8 getrocknete Aprikosen (halbiert)
1 El glatte Petersilie (grob gehackt)

1. Die Kichererbsen 12 Stunden in kaltem Wasser einweichen.

2. Hähnchen in Stücke (Brust, Keulen, Flügel) teilen. Keulen nochmals im Gelenk halbieren. Brust beiseite legen. Keulen und Flügelstücke mit abgetropften Kichererbsen, Zimt, Sternanis und Lorbeer in 3 l Wasser kurz aufkochen lassen. Dann bei milder Hitze 1 Stunde kochen, den dabei entstehenden Schaum abschöpfen.

3. Möhren schälen und in ½ cm dicke Scheiben schneiden. Staudensellerie putzen und in 2 cm große Stücke schneiden. Hähnchenbrust, Möhren und Staudensellerie zur Brühe geben. Weitere 20–25 Minuten kochen. Mit Salz und Pfeffer würzen.

4. Porree längs halbieren, waschen und in 2 cm große Stücke schneiden. Pfefferschoten längs halbieren, entkernen und in 3–4 mm große Würfel schneiden. Porree, Pfefferschoten und Aprikosen zum Eintopf geben.

5. Geflügelstücke herausnehmen und die Haut abziehen. Das Fleisch noch warm vom Knochen lösen und in kleine Stücke zupfen. Hähnchenbrüste in 2–3 cm große Stücke schneiden. Fleisch mit der Petersilie in den Eintopf geben. Einmal aufkochen und sofort servieren.

Zubereitungszeit 1:50 Stunden (plus Einweichzeit)
Pro Portion (bei 6 Portionen) 40 g E, 18 g F, 26 g KH = 432 kcal (1805 kJ)

TUNESIEN

TUNESIEN

Gebackene Sesam-Kartoffel-Bällchen mit Möhrensalat

Klassische Kombination: Möhren und Harissa, eine scharfe Gewürzmischung

Für 4 Portionen:

Sesam-Kartoffel-Bällchen
500 g mehlig kochende Kartoffeln
Salz
100 g Möhren
100 g Knollensellerie
100 g Zucchini
2 Frühlingszwiebeln
1 rote Pfefferschote
2 Knoblauchzehen
3 El Olivenöl
2 Tl Kurkuma (gemahlen)
2 Msp. Kreuzkümmel (gemahlen)
2 Msp. Kümmel (gemahlen)
1 Msp. Muskatnuss
2 Msp. Kardamom (gemahlen)
Pfeffer
1 El Koriandergrün (fein gehackt)
2 Eigelb (Kl. M)
5 El Speisestärke (ca. 80 g)
3 Eier (Kl. M)
100 g Sesamsaat
700 ml Öl

Möhrensalat
500 g Möhren
2 Knoblauchzehen
1 Tl Harissa (scharfe Gewürzmischung)
4 El Olivenöl
4 El Weißweinessig
2 Msp. Kümmel (gemahlen)
2 Msp. Kreuzkümmel (gemahlen)
Salz
4 Stiele Koriandergrün

1. Für die Kartoffelbällchen die Kartoffeln mit Schale in reichlich kochendem Salzwasser 30 Minuten kochen. Dann abgießen, pellen und ausdämpfen lassen. Durch die Kartoffelpresse in eine Schüssel drücken. Etwas abkühlen lassen.

2. In der Zwischenzeit Möhren und Sellerie schälen. Zucchini und Frühlingszwiebeln putzen. Pfefferschote längs halbieren und entkernen. Knoblauch und das geputzte Gemüse in sehr kleine Würfel schneiden.

3. Öl in einer Pfanne erhitzen und das Gemüse darin bei milder Hitze 3–4 Minuten unter Rühren garen. Mit Kurkuma, Kreuzkümmel, Kümmel, Muskat, Kardamom, Salz und Pfeffer würzen. Mit dem Koriandergrün zur Kartoffelmasse geben. Eigelb und 2 El Speisestärke zugeben und gut mischen. Mit Salz und Pfeffer würzen. Aus dem Kartoffelteig mit einem kleinen Eisportionierer 20 gleich große Bällchen abstechen. Die Hände mit etwas Speisestärke bestäuben und die Bällchen glatt rollen. Bällchen in der restlichen Speisestärke wälzen, in die verquirlten Eier tauchen, etwas abtropfen lassen und im Sesam wälzen, Sesam dabei leicht andrücken.

4. Öl auf 170 Grad erhitzen und die Bällchen darin portionsweise in 4–5 Minuten goldgelb ausbacken. Auf Küchenpapier abtropfen lassen und heiß servieren.

5. Für den Möhrensalat die Möhren schälen und schräg in 2–3 mm dünne Scheiben schneiden oder hobeln. Knoblauchzehen fein würfeln. Harissa mit 6 El Wasser verrühren.

6. Olivenöl in einer Pfanne erhitzen und die Möhren mit Knoblauch darin bei mittlerer Hitze andünsten. Essig und angerührten Harissa zugeben. Mit Kümmel, Kreuzkümmel und etwas Salz würzen. 4–5 Minuten garen, bis die Flüssigkeit fast verkocht ist, dabei mehrmals umrühren. Mit den Sesambällchen anrichten. Mit abgezupften Korianderblättern bestreut servieren.

Zubereitungszeit 1:20 Stunden
Pro Portion 12 g E, 52 g F, 32 g KH = 643 kcal (2694 kJ)

Dattelkuchen mit Schokoladensauce
Voller Süße und Würze: das goldbraune Gebäck à la Lafer

Für 8 Stücke:
Dattelkuchen
150 ml frisch gepresster Orangensaft
Saft von 1 Zitrone (40 ml)
50 ml Marsala
100 g Honig
350 g Datteln
20 g frische Hefe
40 g Zucker
120 ml lauwarme Milch
300 g Mehl
2 Eier (Kl. M)
Salz
Mark von 1 Vanilleschote
abgeriebene Schale von ½ Zitrone (unbehandelt)
80 g weiche Butter
und etwas weiche Butter für die Form
30 g Mandelblättchen
Schokoladensauce
100 g Zartbitterschokolade
250 ml Schlagsahne
80 g Zucker
50 g Nussnougat

1. Für den Kuchen Orangensaft, Zitronensaft, Marsala und Honig aufkochen. Die Datteln häuten, halbieren, entsteinen und in den heißen Sud geben. Topf vom Herd nehmen und die Datteln darin 1 Stunde ziehen lassen.

2. Für den Vorteig Hefe und Zucker in der lauwarmen Milch auflösen. 50 g Mehl unterrühren und abgedeckt an einem warmen Ort 15 Minuten gehen lassen.

3. Das restliche Mehl in eine Schüssel sieben. Eier, 1 Prise Salz, Vanillemark, Zitronenschale und den Vorteig zugeben. Mit den Knethaken der Küchenmaschine zu einem geschmeidigen Teig kneten. Butter unterkneten. Teig abgedeckt an einem warmen Ort in ca. 45 Minuten auf das doppelte Volumen aufgehen lassen.

4. Eine Tarteform (27 cm Ø) dünn mit Butter auspinseln. Den Teig in die Form geben und mit einem Gummispatel flach drücken. Datteln in einem Sieb gut abtropfen lassen, Sud dabei auffangen. Datteln in regelmäßigen Abständen in den Teig drücken. Nochmals zugedeckt 20 Minuten gehen lassen.

5. Kuchen mit Mandelblättchen bestreuen und im vorgeheizten Ofen auf der mittleren Schiene bei 160 Grad (Gas 2, Umluft 150 Grad) in 35–40 Minuten goldbraun backen.

6. In der Zwischenzeit für die Schokoladensauce die Schokolade grob hacken. Sahne mit Zucker aufkochen und vom Herd nehmen. Schokolade und Nougat in die heiße Sahne geben und unter Rühren auflösen. Sauce abkühlen lassen.

7. Kuchen aus dem Ofen nehmen, mit dem restlichen Orangen-Honig-Sud beträufeln und abkühlen lassen. Kuchen aus der Form heben und mit der Schokoladensauce servieren.

Zubereitungszeit 1:30 Stunden
(plus Ruhezeit für den Teig und Marinierzeit für die Datteln)
Pro Stück 10 g E, 29 g F, 94 g KH = 685 kcal (2868 kJ)

TUNESIEN

TUNESIEN

Gefüllte Kartoffelknödel mit Dattel-Orangen-Ragout

Nougat, Schokolade und Rosinen machen die schlichten Bällchen zu einer rasanten Süßspeise

Für 4 Portionen:
Knödel
60 g Rosinen
40 ml Marsala
700 g mehlig kochende Kartoffeln
Salz
40 g weiche Butter
150 g Mehl
60 g Hartweizengrieß
1 Eigelb (Kl. M)
20 g feiner Zucker
50 g Nussnougat
50 g Zartbitterschokolade
Speisestärke zum Bearbeiten
Dattel-Orangen-Ragout
150 g Datteln
3 El bittere Orangenmarmelade
Saft und Schale von 1 Orange (unbehandelt)
Saft und Schale von 1 Zitrone (unbehandelt)
30 g Honig
Pistazien-Butter-Mischung
60 g Butter
60 g Pistazienkerne (fein gehackt)
20 g Semmelbrösel
2 Tl Vanillezucker

1. Für die Knödelfüllung die Rosinen in Marsala über Nacht einweichen.

2. Kartoffeln waschen und mit Schale in kochendem Salzwasser 30 Minuten kochen. Dann abgießen, ausdämpfen und etwas abkühlen lassen, pellen und durch eine Kartoffelpresse in eine Schüssel drücken. Butter, Mehl, Grieß, Eigelb, Zucker und 1 Prise Salz zugeben und mit einem Holzlöffel zu einem glatten Teig verkneten. Etwas ruhen lassen.

3. In der Zwischenzeit für das Dattel-Orangen-Ragout die Datteln häuten, längs halbieren und entsteinen. Marmelade, Saft und Schale von Orange und Zitrone mit dem Honig in einen Topf geben, verrühren und aufkochen. Bei milder Hitze sirupartig einkochen lassen. Dann die Datteln zugeben und das Ragout beiseite stellen.

4. Für die Knödel Nougat und Schokolade in jeweils 4 gleich große Würfel schneiden. Die eingeweichten Rosinen im Blitzhacker fein pürieren.

5. Kartoffelteig leicht mit Speisestärke bestäuben und zwischen 2 Lagen Klarsichtfolie ca. 1 cm dick ausrollen. Mit einem Ausstecher 12 Kreise (8 cm Ø) ausstechen. Auf 4 Kreise die Nougatwürfel setzen. Auf 4 weitere die Schokoladenwürfel und auf die restlichen Kreise jeweils 1–2 Tl Rosinenpaste geben. Teig um die Füllungen drücken und zu Knödeln formen.

6. Knödel in reichlich kochendes Salzwasser geben und 10 Minuten bei schwacher Hitze (Wasser darf nicht mehr kochen!) garen.

7. Butter in einer Pfanne aufschäumen lassen, Pistazien und Semmelbrösel zugeben und leicht anrösten. Vanillezucker zugeben.

8. Knödel mit einer Schaumkelle vorsichtig aus dem Wasser heben, gut abtropfen lassen, in der Pistazien-Butter-Mischung wälzen und mit dem Dattel-Orangen-Ragout anrichten.

Zubereitungszeit 2 Stunden (plus Einweichzeit)
Pro Portion 16 g E, 38 g F, 144 g KH = 1000 kcal (4190 kJ)

Gebratene Kichererbsenbällchen mit Tomaten-Petersilien-Salat

Die knusprigen Bällchen sind in Tunesien ein beliebter Imbiss. Erfrischend dazu: der Salat mit Joghurt-Dressing

Für 6–8 Portionen:
Kichererbsenbällchen
400 g getrocknete Kichererbsen
100 g Zwiebeln
4 Knoblauchzehen
1 Tl Kreuzkümmel (gemahlen)
1 Tl Koriander (gemahlen)
2 Tl Harissa (scharfe Gewürzmischung)
Salz
½ Tl Natron
2 Eier (Kl. M)
500 ml Öl zum Frittieren
2 Stiele Koriandergrün
Tomaten-Petersilien-Salat
150 g Vollmilchjoghurt
2 El Zitronensaft
2 El Olivenöl
2 Msp. Kreuzkümmel (gemahlen)
Salz, Pfeffer
800 g Tomaten
1 Bund glatte Petersilie

1. Die Kichererbsen 12 Stunden in kaltem Wasser einweichen.

2. Dann 40 Minuten in kochendem Wasser garen, abgießen und gut abtropfen lassen. Zwiebeln und Knoblauch grob hacken und mit den Kichererbsen in einen Küchenmixer geben.

3. Kreuzkümmel, Koriander, Harissa, Salz, Natron und Eier zugeben. Alles zu einer glatten Masse pürieren. 30 Minuten ruhen lassen.

4. Aus der Kichererbsenmasse mit einem kleinen Eisportionierer 30 gleich große Bällchen abstechen. Bällchen mit nassen Handflächen nochmals nachformen.

5. Öl auf 160 Grad erhitzen und die Bällchen darin portionsweise in 2–3 Minuten goldgelb frittieren. Auf Küchenpapier abtropfen lassen.

6. Für den Tomaten-Petersilien-Salat den Joghurt mit Zitronensaft, Olivenöl, Kreuzkümmel, etwas Salz und Pfeffer verrühren.

7. Tomaten längs vierteln, entkernen und die Viertel nochmals längs halbieren. Petersilienblätter abzupfen und mit den Tomaten zur Joghurtsauce geben. Vorsichtig unterheben. Mit den Kichererbsenbällchen anrichten. Mit abgezupften Korianderblättern servieren.

Zubereitungszeit 1 Stunde (plus Einweich- und Ruhezeit)
Pro Portion (bei 8 Portionen) 13 g E, 21 g F, 29 g KH = 354 kcal (1484 kJ)

TUNESIEN

49

TUNESIEN

Gefüllte Datteln

Süß, süßer, am süßesten: Die Früchte der Dattelpalme werden mit einer Paste aus Mandeln, Walnüssen und Sesam gefüllt

Für 30 Stück:
30 g ganze Mandeln (geschält)
40 g Walnusskerne
30 g Sesamsaat
½ Tl Zimt (gemahlen)
20 g Zucker
½ Tl abgeriebene Orangenschale (unbehandelt)
10 g weiche Butter
30 Datteln
40 g Pistazienkerne
30 g Kokosraspel

1. Mandeln und Walnüsse in einer Pfanne ohne Fett goldbraun rösten. Sesam in einer Pfanne ohne Fett goldbraun rösten. Abkühlen lassen.

2. Mandeln, Walnüsse, Sesam, Zimt, Zucker und Orangenschale in einem Blitzhacker zu einer feinen Paste pürieren. Butter nach und nach zugeben.

3. Datteln häuten, längs aufschneiden, aber nicht halbieren. Steine entfernen, Datteln mit der Nusspaste füllen und zusammenklappen.

4. Pistazien im Blitzhacker fein hacken. Datteln gleichmäßig in den Pistazien und den Kokosraspeln wälzen.

Zubereitungszeit 40 Minuten
Pro Stück 1 g E, 4 g F, 6 g KH = 61 kcal (257 kJ)

Griechenland

Bekannt und geliebt: Stifado, gefüllte Weinblätter mit Tsatsiki, Moussaka, Grießkuchen und Zitronenhuhn. Dies und Johann Lafers Neuschöpfungen garantieren wunderbare Geschmackserlebnisse!

Die Kykladeninsel Santorin: atemberaubender Blick aufs Mittelmeer

Moussaka

Wie bei vielen traditionellen Gerichten gibt es auch für die Moussaka unzählige Rezepte.
Immer dabei: Auberginen, Tomaten und Hackfleisch

Für 4 Portionen:
1 große Aubergine
Salz
500 g Kartoffeln
12 El Olivenöl
Pfeffer
2 El Rosmarinnadeln
400 g Tomaten
150 g Zwiebeln
2 Knoblauchzehen
500 g Lammhack
1 El Thymian (fein gehackt)
7 Eier (Kl. M)
100 ml Milch

1. Die Aubergine in ½ cm dicke Scheiben schneiden, salzen und 20 Minuten ziehen lassen. Kartoffeln schälen und in 2–3 mm dünne Scheiben schneiden.

2. Eine runde Auflaufform (20 cm Ø, 8 cm hoch) mit 2 El Olivenöl auspinseln. Kartoffeln gleichmäßig auf dem Boden verteilen, mit Salz und Pfeffer würzen. Mit 1 El Rosmarinnadeln bestreuen. Im vorgeheizten Ofen auf der mittleren Schiene bei 200 Grad (Gas 3, Umluft 200 Grad) 25 Minuten garen.

3. Tomaten über Kreuz einritzen, überbrühen, abschrecken, häuten und in ½ cm dicke Scheiben schneiden. Zwiebeln und Knoblauch fein würfeln. 5 El Olivenöl erhitzen, das Hackfleisch darin unter Rühren leicht braun braten. Zwiebeln und Knoblauch zugeben und glasig dünsten. Mit Salz und Pfeffer kräftig würzen. Thymian dazugeben und das Hackfleisch auf den Kartoffeln verteilen.

4. Auberginen mit Küchenpapier trockentupfen. Restliches Olivenöl erhitzen und die Auberginen darin von beiden Seiten leicht anbraten. Auberginen- und Tomatenscheiben abwechselnd dachziegelartig auf das Hackfleisch legen. Mit den restlichen Rosmarinnadeln bestreuen und mit Salz und Pfeffer würzen.

5. Eier und Milch verquirlen, salzen und pfeffern und über die Moussaka gießen. Im vorgeheizten Ofen auf der mittleren Schiene bei 200 Grad (Gas 3, Umluft 200 Grad) in 30–35 Minuten goldbraun backen.

Zubereitungszeit 1:30 Stunden
Pro Portion 44 g E, 49 g F, 20 g KH = 690 kcal (2892 kJ)

GRIECHENLAND

GRIECHENLAND

Gefüllte Weinblätter

Dolmadakia, wie die gefüllten Weinblätter auf Griechisch heißen, gehören zu den klassischen Vorspeisen

Für 30 Stück:
1 Glas Weinblätter in Salzlake (200 g)
250 g Paella-Reis
Salz
40 g Pinienkerne
50 g Zwiebeln
40 Rosinen
2 El glatte Petersilie (fein gehackt)
2 El Minze (fein gehackt)
4 El Zitronensaft
12 El Olivenöl
Pfeffer
500 ml Geflügelfond
1 unbehandelte Zitrone

1. 30 Weinblätter 30 Minuten in kaltem Wasser einweichen. Reis in kochendem Salzwasser in ca. 10 Minuten bissfest garen. Dann in einem Sieb gut abtropfen lassen. Pinienkerne in einer Pfanne ohne Fett goldgelb rösten. Zwiebeln in feine Würfel schneiden.

2. Reis, Pinienkerne, Zwiebeln, Rosinen, Petersilie, Minze, Zitronensaft und 3 El Olivenöl gut mischen. Mit Salz und Pfeffer würzen. Weinblätter auf Küchenpapier gut abtropfen lassen und mit einer zweiten Lage Küchenpapier trockentupfen. Jeweils 1 El Reisfüllung in die Mitte geben. Die langen Blattseiten etwas nach innen über den Reis klappen und die Blätter vom Stielansatz zur Blattspitze hin fest aufrollen.

3. Röllchen dicht nebeneinander in einen großen flachen Topf legen. Restliches Olivenöl zugeben und mit Fond auffüllen. Röllchen mit einem umgedrehten Teller beschweren und zugedeckt bei milder Hitze 15–20 Minuten garen. Vorsichtig mit einer Schaumkelle herausnehmen und auf einer Platte anrichten. Heiß oder kalt mit halben Zitronenscheiben servieren.

Zubereitungszeit 50 Minuten (plus Einweichzeit)
Pro Stück 1 g E, 5 g F, 8 g KH = 80 kcal (337 kJ)

Gefüllte Hähnchenspieße mit Feta-Kartoffeln

Zitronenpaste gibt dem Geflügel den feinen säuerlichen Geschmack

Für 4 Portionen:
Zitronenpaste/Huhn
1 Knoblauchzehe
50 g gemahlene Mandeln
7 El Olivenöl mit Zitrone
abgeriebene Schale von
1 Zitrone (unbehandelt)
20 g frisch geriebener Parmesan
1 El Zitronenthymian (gehackt)
Salz
4 Hähnchenbrüste (ohne Haut, à 80–100 g)
Pfeffer
40 g Butter
½ El glatte Petersilie (fein gehackt)
Feta-Kartoffeln
4 mehlig kochende Kartoffeln (à 200 g)
50 g eingelegte Tomaten (in Öl)
150 g Feta-Käse
4 El Olivenöl
2 El glatte Petersilie (gehackt)
Außerdem
Holzspieße

1. Für die Zitronenpaste Knoblauch grob hacken und mit Mandeln, 5 El Olivenöl, Zitronenschale, Parmesan, Zitronenthymian und etwas Salz im Blitzhacker zu einer Paste pürieren.

2. Die Hähnchenbrüste zwischen 2 Lagen Folie dünn klopfen und gleichmäßig mit der Zitronenpaste bestreichen. Von der schmalen Seite her aufrollen und fest in Klarsichtfolie wickeln. 1 Stunde in das Gefrierfach legen.

3. Kartoffeln unter fließendem Wasser mit einer Wurzelbürste säubern und auf ein Backblech legen. Im vorgeheizten Ofen auf der mittleren Schiene bei 180 Grad (Gas 2–3, Umluft nicht empfehlenswert) 1 Stunde garen.

4. In der Zwischenzeit für die Kartoffelfüllung die Tomaten gut abtropfen lassen und fein hacken. Feta-Käse mit einer Gabel zerdrücken und mit Olivenöl, Tomaten und Petersilie mischen. Beiseite stellen.

5. Geflügelröllchen auswickeln und in 2–3 cm dicke Stücke schneiden. Die Stücke flach auf Holzspieße stecken und mit Salz und Pfeffer würzen. Das restliche Olivenöl mit der Butter in einer beschichteten Pfanne erhitzen. Die Spieße darin bei mittlerer Hitze 5–6 Minuten von beiden Seiten goldbraun braten. Dann die Petersilie zugeben.

6. Die fertig gegarten Kartoffeln mit einem kleinen Küchenmesser 2–3 cm tief kreuzweise einschneiden und etwas zusammendrücken, damit sie an den Einschnitten leicht aufplatzen. Die Spitzen der angeschnittenen Schale vorsichtig nach außen klappen. Jeweils 1–2 El Feta-Masse auf die Kartoffeln geben.

7. Kartoffeln mit den Spießen auf einer Platte anrichten. Spieße mit der Petersilienbutter übergießen.

Zubereitungszeit 1:50 Stunden
Pro Portion 32 g E, 53 g F, 21 g KH = 688 kcal (2880 kJ)

GRIECHENLAND

59

GRIECHENLAND

Grießflammeri mit Aprikosen in Honigsirup

Ein feines Dessert, das der Vorliebe der Griechen für Süßes alle Ehre macht

Für 4 Portionen:
Grießflammeri
100 g Zartbitter-Kuvertüre
100 g weiße Schokolade
½ Blatt weiße Gelatine
750 ml Milch
100 g Weichweizengrieß
60 g Zucker
2 El Rum
Aprikosen in Honigsirup
150 g getrocknete Aprikosen
1 Vanilleschote
1 El Honig
100 g Aprikosenkonfitüre
abgeriebene Schale und Saft von 1 Zitrone (unbehandelt)
abgeriebene Schale und Saft von 1 Orange (unbehandelt)
2 Stiele Minze

1. Für den Grießflammeri Kuvertüre und weiße Schokolade getrennt mit einem großen Küchenmesser fein hacken. Gelatine in kaltem Wasser einweichen.

2. Milch mit Grieß und Zucker unter ständigem Rühren zum Kochen bringen. Bei milder Hitze 5 Minuten quellen lassen, dabei mehrmals umrühren. Topf vom Herd nehmen, ausgedrückte Gelatine und Rum in die Grießmasse geben und unterrühren. Heiße Grießmasse halbieren und auf 2 Schalen verteilen. Unter die eine Hälfte schnell die Kuvertüre, unter die andere Hälfte die Schokolade rühren und darin auflösen lassen.

3. 8 Förmchen (à 95 ml Inhalt) mit kaltem Wasser ausspülen. Zuerst die helle Grießmasse einfüllen, darauf die dunkle Grießmasse geben. Mit Klarsichtfolie abdecken und 2–3 Stunden in den Kühlschrank stellen.

4. Für die Aprikosen in Honigsirup die Aprikosen halbieren. Vanilleschote längs halbieren und das Mark herauskratzen.

5. Honig, Aprikosenkonfitüre, Vanilleschote und -mark, Zitronensaft und -schale, Orangensaft und -schale und Aprikosen 8–10 Minuten bei milder Hitze kochen. Vanilleschote entfernen.

6. Grießflammeri vorsichtig aus den Förmchen lösen und auf Teller stürzen. Mit den Aprikosen anrichten, mit abgezupften Minzeblättern dekorieren.

Zubereitungszeit 45 Minuten (plus Kühlzeit)
Pro Portion 15 g E, 23 g F, 112 g KH = 745 kcal (3118 kJ)

Mangoldröllchen auf Tsatsiki-Gurken-Nudeln

So raffiniert variiert Johann Lafer die Klassiker
„gefüllte Weinblätter" und „Tsatsiki", den Gurken-Knoblauch-Joghurt

Für 4 Portionen:
Mangoldröllchen
40 g Pinienkerne
70 g Zwiebeln
1 Knoblauchzehe
50 g getrocknete Tomaten (in Öl)
½ El Rosmarin (fein gehackt)
1 Ei (Kl. M)
250 g Lammhackfleisch aus der Keule
Salz, Pfeffer
1 Mangoldstaude (700 g)
8 El Olivenöl
4 Tomaten
Tsatsiki-Nudeln
2 Salatgurken (à 500 g)
Salz
2 Knoblauchzehen
50 g Magerquark
100 g Vollmilchjoghurt
3 El Milch
1 El glatte Petersilie (fein gehackt)
Pfeffer
Chilipulver

1. Für die Mangoldröllchen die Pinienkerne in einer Pfanne ohne Fett goldbraun rösten. Zwiebeln, Knoblauch und abgetropfte Tomaten in feine Würfel schneiden. Zwiebeln, Knoblauch, Tomaten, Rosmarin, Ei und Pinienkerne zum Lammhack geben, gut mischen und mit Salz und Pfeffer abschmecken.

2. Von 12 Mangoldblättern die weißen Stiele keilförmig herausschneiden. Mangoldblätter in kochendem Salzwasser ca. 1 Minute blanchieren. Dann in Eiswasser abschrecken und zum Abtropfen auf Küchenpapier legen. Mit Küchenpapier trockentupfen. Auf den Blättern jeweils 1–1 ½ El Hackmasse verteilen. Blätter an den langen Seiten einschlagen und vom Stielansatz zur Blattspitze hin fest aufrollen.

3. 4 El Öl in einer ofenfesten beschichteten Pfanne erhitzen und die Mangoldröllchen darin bei mittlerer Hitze rundherum anbraten. Mit Salz und Pfeffer würzen. Im vorgeheizten Backofen auf der mittleren Schiene bei 160 Grad (Gas 1–2, Umluft 140 Grad) 10 Minuten garen.

4. In der Zwischenzeit für die Tsatsiki-Nudeln die Gurken schälen und mit dem Sparschäler in lange, schmale Streifen (wie Bandnudeln) schneiden. Streifen mit etwas Salz bestreuen und zum Abtropfen in ein Sieb geben. Knoblauch in feine Würfel schneiden. Quark, Joghurt, Milch, Knoblauch und Petersilie verrühren. Gurkennudeln unterheben und mit Pfeffer und Chili abschmecken.

5. Die Tomaten in dünne Scheiben schneiden, auf flachen Tellern anrichten, leicht salzen und pfeffern und mit dem restlichen Olivenöl beträufeln. Tsatsiki-Nudeln und jeweils 3 Mangoldröllchen darauf verteilen.

Zubereitungszeit 1:20 Stunden
Pro Portion 24 g E, 33 g F, 13 g KH = 444 kcal (1858 kJ)

GRIECHENLAND

Kräuterroulade mit Zucchini-Pappardelle

Mediterraner Genuss: feines Rinderfilet mit südlichen Kräuteraromen

Für 4 Portionen:
Nudeln
300 g Mehl und
Mehl zum Bearbeiten
3 Eier (Kl. M)
5 El Olivenöl
Salz
2 Zucchini
30 g Butter
20 g frisch geriebener
Parmesan
Pfeffer
Roulade
500 g Rinderfilet
1 El Dijon-Senf
1 El glatte Petersilie
(fein gehackt)
1 El Rosmarin (fein gehackt)
1 El Thymian (fein gehackt)
1 El Salbei (fein gehackt)
½ El Oregano (fein gehackt)
Salz, Pfeffer
3 El Olivenöl
400 g kleine Zwiebeln
(ersatzweise Perlzwiebeln)
100 ml Portwein
100 ml Rotwein
150 ml Rinderbrühe
1 El Zucker
evtl. Speisestärke

1. Für den Nudelteig das Mehl mit den Eiern, 2 El Olivenöl und etwas Salz zu einem glatten, geschmeidigen Teig kneten. In Folie wickeln und 1 Stunde im Kühlschrank ruhen lassen.

2. Für die Roulade das Rinderfilet längs aufschneiden und flach klopfen. Gleichmäßig mit Senf bestreichen und mit Kräutern bestreuen. Zu einer Roulade aufrollen, mit Küchengarn binden und rundherum mit Salz und Pfeffer würzen.

3. Olivenöl in einer Pfanne erhitzen und die Roulade darin von allen Seiten braun anbraten. Zwiebeln pellen, in die Pfanne geben und leicht anbraten. Roulade aus der Pfanne nehmen. Zwiebeln mit Portwein und ⅔ vom Rotwein ablöschen und ⅔ von der Brühe auffüllen. Fleisch zugeben und im vorgeheizten Ofen auf der mittleren Schiene bei 150 Grad (Gas 1–2, Umluft 130 Grad) 30 Minuten garen.

4. Nudelteig auswickeln, vierteln und die Teigstücke nacheinander durch die glatte Walze der Nudelmaschine von Stufe 1–6 drehen. Jede Teigplatte auf einer bemehlten Arbeitsfläche in 20 cm lange Teigplatten schneiden. Dann längs in 3 cm breite Pappardelle schneiden.

5. Roulade aus der Sauce nehmen, in Alufolie wickeln und ruhen lassen. Zucker in einem kleinen Topf karamellisieren und mit restlichem Rotwein und Brühe ablöschen. Sauce mit Zwiebeln zugeben und bei mittlerer Hitze 20–25 Minuten leise kochen lassen. Mit Salz und Pfeffer abschmecken. Evtl. mit etwas in kaltem Wasser angerührter Speisestärke binden.

6. Für die Nudeln Zucchini mit einem Sparschäler in dünne Streifen schneiden. Nudeln in kochendem Salzwasser bissfest garen und abtropfen lassen. Die Zucchini im restlichen Olivenöl leicht anbraten. Nudeln zugeben und mit den Zucchini mischen. Butter und Parmesan zugeben und mit Salz und Pfeffer würzen.

7. Roulade auswickeln, Küchengarn entfernen und das Fleisch in ca. 3 cm breite Stücke schneiden. Mit der Sauce und den Nudeln servieren.

Zubereitungszeit 1:50 Stunden (plus Ruhezeit)
Pro Portion 45 g E, 40 g F, 71 g KH = 833 kcal (3488 kJ)

Stifado

Der griechische Eintopf schlechthin

Für 4 Portionen:
1 große Zwiebel
4 El Olivenöl
1,5 kg Hochrippe
Salz
4 Lorbeerblätter
5 Wacholderbeeren
2 Gewürznelken
10 Pfefferkörner
2 Zimtstangen
400 g Möhren
500 g kleine Schalotten
150 g Reisnudeln
1 kleines Bund glatte Petersilie
8 Stiele Bohnenkraut
8 Stiele Thymian

1. Zwiebel halbieren und die Schnittflächen in einer heißen Pfanne ohne Fett dunkelbraun rösten. Olivenöl in einem Topf erhitzen und die Hochrippe von beiden Seiten darin scharf anbraten.

2. Salz, Lorbeerblätter, angedrückte Wacholderbeeren, Nelken, Pfeffer, Zimt und geröstete Zwiebel zugeben. Mit 3 ½ l Wasser auffüllen und bei milder Hitze 2 ½ Stunden offen kochen, dabei zwischendurch den Schaum abschöpfen.

3. Nach 1 Stunde die geröstete Zwiebel herausnehmen. Möhren schälen und schräg in ½–1 cm dicke Scheiben schneiden. Schalotten schälen und beides nach 2 Stunden zum Fleisch geben.

4. Nudeln in kochendem Salzwasser bissfest garen und abgießen. Die Kräuter von den Stielen zupfen und grob hacken. Gewürze so weit wie möglich mit einer Schaumkelle von der Brühe abschöpfen.

5. Fleisch aus der Brühe nehmen und von den Knochen lösen, das Fett entfernen und das Fleisch in 3–4 cm große Würfel schneiden. Fleisch mit den Nudeln und Kräutern in die Brühe geben und servieren.

Zubereitungszeit 3 Stunden
Pro Portion 66 g E, 37 g F, 35 g KH = 740 kcal (3100 kJ)

GRIECHENLAND

GRIECHENLAND

Zitronenhuhn

Griechisches Sonntagsessen: mit Kräutern, Knoblauch und Zitrone geschmortes Huhn

Für 4 Portionen:
1 Maispoularde (ca. 1,5 kg)
2 unbehandelte Zitronen
600 g kleine Kartoffeln
Salz, Pfeffer
12 El Olivenöl
2 Stiele Salbei
5 Stiele Thymian
8 Knoblauchzehen
200 g Schalotten
200 ml Geflügelbrühe

1. Von der Maispoularde das Rückgrat mit einer Geflügelschere herausschneiden und die Flügel abschneiden. Poularde von der Brustseite her flach drücken. 1 Zitrone auspressen (ca. 40 ml). Restliche Zitrone in ½ cm dicke Scheiben schneiden. Kartoffeln mit einer Wurzelbürste unter fließendem Wasser säubern.

2. Poularde mit der Hautseite nach oben und die Flügel in eine flache Schale legen. Mit Salz und Pfeffer würzen und mit Zitronensaft und 6 El Olivenöl beträufeln. Salbei und Thymian auf die Poularde legen. Mit Klarsichtfolie abdecken und 2 Stunden im Kühlschrank marinieren.

3. Knoblauch und Schalotten schälen. 4 El Olivenöl in einer Pfanne erhitzen. Schalotten, Knoblauch und Kartoffeln darin kurz andünsten und in eine Saftpfanne geben.

4. Poularde mit der Hautseite nach oben, Flügel und Zitronenscheiben ebenfalls in die Saftpfanne legen. Marinade darüber gießen. Salzen und pfeffern und mit dem restlichen Olivenöl beträufeln. Brühe dazugießen und alles im vorgeheizten Backofen auf der unteren Schiene bei 160 Grad (Gas 1–2, Umluft 140 Grad) 1 Stunde, 30 Minuten garen, dabei mehrmals mit dem austretenden Bratensaft begießen.

5. Poularde zerteilen und mit den Kartoffeln und Schalotten anrichten. Mit Bratenfond beträufeln.

Zubereitungszeit 2 Stunden (plus Marinierzeit)
Pro Portion 51 g E, 53 g F, 22 g KH = 770 kcal (3221 kJ)

Gefüllte Auberginenröllchen mit Tomaten-Paprika-Ragout

Für die Moussaka wird das Gemüse in die Form geschichtet, bei Johann Lafer werden daraus Feta-gewürzte Röllchen mit schlichter Beilage

Für 4 Portionen:
Tomaten-Paprika-Ragout
700 g Tomaten
1 rote Pfefferschote
1 gelbe Paprikaschote
2 Knoblauchzehen
2 El Olivenöl
Salz, Pfeffer
Auberginenröllchen
2 mittelgroße Auberginen
8–10 El Olivenöl
Salz, Pfeffer
30 g Pinienkerne
80 g Zwiebeln
2 Scheiben Toastbrot
4 Stiele Minze
100 g Feta-Käse
1 Ei (Kl. M)
300 g Rinderhackfleisch

1. Für das Tomaten-Paprika-Ragout die Tomaten überbrühen, abschrecken, häuten, vierteln, entkernen und in grobe Stücke schneiden. Pfeffer- und Paprikaschote halbieren und entkernen. Pfefferschote quer in feine Streifen schneiden. Paprika in 2–3 cm große Stücke schneiden. Knoblauch fein würfeln.

2. Olivenöl in einem Topf erhitzen, Knoblauch, Pfefferschote und Paprika darin kurz andünsten. Tomaten zugeben und bei milder Hitze 2–3 Minuten garen. Mit Salz und Pfeffer würzen und in eine Auflaufform (30 x 25 cm) geben.

3. Für die Auberginenröllchen die Auberginen putzen und längs in 3–4 mm dicke Scheiben schneiden. Olivenöl in einer Pfanne erhitzen und die Auberginenscheiben darin von beiden Seiten anbraten. Mit Salz und Pfeffer würzen und auf Küchenpapier abtropfen lassen.

4. Für die Füllung die Pinienkerne in einer Pfanne ohne Fett goldbraun rösten. Zwiebeln fein würfeln. Toastbrot entrinden und in kleine Würfel schneiden. Von 3 Stielen Minze die Blätter abzupfen und grob hacken. Feta-Käse fein würfeln. Alles mit dem Ei unter die Hackmasse kneten und mit Salz und Pfeffer abschmecken.

5. Jeweils 1 El Füllung auf das schmale Ende der Auberginenscheiben geben und aufrollen. So fortfahren, bis Füllung und Auberginenscheiben aufgebraucht sind.

6. Die Röllchen auf das Tomaten-Paprika-Ragout setzen. Im vorgeheizten Ofen auf der mittleren Schiene bei 200 Grad (Gas 3, Umluft 180 Grad) 20–25 Minuten garen. Die restlichen Minzeblätter abzupfen. Auberginenröllchen mit Minze dekorieren. Dazu passt Baguette.

Zubereitungszeit 1:30 Stunden
Pro Portion 27 g E, 46 g F, 16 g KH = 586 kcal (2460 kJ)

GRIECHENLAND

Grießkuchen

Aus Grieß werden gerne Süßspeisen zubereitet, die man mit Gewürzen oder Früchten verfeinert. Dieser Kuchen wird mit einem Sirup aus Zitrusfrüchten, Sternanis und Nelken getränkt

Für 20 Stücke:
100 g gemahlene Mandeln
1 unbehandelte Zitrone
1 unbehandelte Orange
250 g feiner Zucker
1 Sternanis
2 Gewürznelken
1 Pk. Bourbon-Vanillezucker
140 g weiche Butter
abgeriebene Schale von
1 Zitrone (unbehandelt)
3 Eier (Kl. M)
200 g Weichweizengrieß
100 g Mehl
2 Tl Backpulver
1 Tl Zimt (gemahlen)
150 ml Milch
60 g Rosinen
1 El weiche Butter für die Form
3 El Mandelblättchen

1. Gemahlene Mandeln in einer Pfanne ohne Fett hellbraun rösten und beiseite stellen. Von der Zitrone und Orange die Schale mit einem Sparschäler dünn abschälen. Beide Früchte auspressen (ca. 120 ml).

2. Für den Sirup 150 g Zucker mit 250 ml Wasser, Zitronenschale und -saft, Orangenschale und -saft, Sternanis und Nelken kurz aufkochen. Dann bei mittlerer Hitze 10 Minuten einkochen. Abkühlen lassen.

3. In der Zwischenzeit restlichen Zucker, Vanillezucker, Butter und abgeriebene Zitronenschale mit den Quirlen des Handrührers cremig schlagen. Eier nach und nach zugeben und alles zu einer glatten Masse rühren.

4. Grieß, Mehl, Backpulver und Zimt mischen und im Wechsel mit der Milch unter die Buttermischung rühren. Gemahlene Mandeln und Rosinen unterheben. Eine Form (30 x 20 cm) mit Butter auspinseln. Teig in die Form füllen und gleichmäßig verstreichen. Mandelblättchen darüber streuen. Im vorgeheizten Backofen auf der mittleren Schiene bei 170 Grad (Gas 1–2, Umluft 150 Grad) 40–45 Minuten backen.

5. Kuchen mit einem Holzstäbchen mehrmals einstechen und den kalten Sirup über den heißen Kuchen gießen. In der Form auf einem Tortengitter abkühlen lassen. Dann in 6 x 5 cm große Stücke schneiden.

Zubereitungszeit 1:20 Stunden (plus Abkühlzeit)
Pro Stück 4 g E, 11 g F, 27 g KH = 229 kcal (957 kJ)

Frankreich

Aus dem reichen Schatz der südfranzösischen Küche hat Johann Lafer Bouillabaisse, Salade niçoise, Ratatouille und einen provenzalischen Eintopf ausgewählt und durch eigene göttliche Rezepte ergänzt

Die stille Seite der Côte d'Azur: einsame Buchten mit steilen Felsen ins Meer

Ratatouille

Aromatische mediterrane Gemüse sind in diesem klassischen provenzalischen Gemüsetopf vereint

Für 6 Portionen:
1 kg feste Tomaten
1 große Aubergine
400 g Zucchini, Salz
2 rote Paprikaschoten (à 200 g)
1 gelbe Paprikaschote (200 g)
250 g Zwiebeln
5 Knoblauchzehen
200 ml Olivenöl
4 El stückige Tomaten (Dose)
2 El Basilikum (fein gehackt)
2 El glatte Petersilie (fein gehackt)
Pfeffer
Basilikumblätter zum Garnieren

1. Tomaten überbrühen, abschrecken, häuten, vierteln und entkernen. Auf Küchenpapier abtropfen lassen. Aubergine in 2 cm dicke Scheiben schneiden. Zucchini in 1 cm dicke Scheiben schneiden. Auberginen- und Zucchinischeiben leicht salzen und nebeneinander auf Küchenpapier ausbreiten. 20 Minuten ziehen lassen. Paprika vierteln, entkernen und in 2–3 cm große Stücke schneiden. Zwiebeln in dünne Streifen schneiden. Knoblauch fein würfeln.

2. 80 ml Olivenöl in einer großen Pfanne (30–35 cm Ø) erhitzen und die Auberginenscheiben darin 1–2 Minuten von jeder Seite anbraten. Auf eine Platte legen. Dann 50 ml Olivenöl in der Pfanne erhitzen und die Zucchini darin von beiden Seiten anbraten. Zucchini zu den Auberginen geben. 50 ml Olivenöl erhitzen und die Paprika und Zwiebeln darin anbraten, Tomaten und stückige Tomaten zugeben und kurz mitdünsten. Knoblauch, Basilikum und Petersilie zugeben, leicht salzen und pfeffern und beiseite stellen.

3. Restliches Olivenöl in einen Topf gießen. Abwechselnd die Auberginen- und Zucchinischeiben mit der Paprika-Tomaten-Mischung einschichten.

4. Zugedeckt bei milder Hitze 25–30 Minuten kochen. Auf flachen Tellern anrichten. Mit Basilikumblättern garnieren. Dazu passt Baguette.

Zubereitungszeit 1:20 Stunden
Pro Portion 4 g E, 34 g F, 10 g KH = 360 kcal (1515 kJ)

FRANKREICH

FRANKREICH

Ratatouille-Brote

Das klassische Rezept hat Johann Lafer zu neuen, ungewöhnlichen Kreationen animiert: hier zwei mit knusprigem Weißbrot, eine mit knusprigen Kartoffelchips auf der nächsten Seite

Für 8 Stück:
1 Kastenweißbrot
1 Grundrezept Ratatouille (Seite 76, ⅔ für die Brote, ⅓ für die Variante auf der nächsten Seite)
2 El Basilikum (fein geschnitten)
4 El Aceto balsamico bianco
Salz, Pfeffer

1. Variation mit Jakobsmuscheln
8 Jakobsmuscheln (ohne Rogen)
3 El Olivenöl
1 Knoblauchzehe (halbiert)
1 Zweig Rosmarin
2 Stiele Thymian
Salz, Pfeffer
16 Basilikumblätter

2. Variation mit Serrano-Schinken
8 Scheiben dünn geschnittener Serrano-Schinken
20 g Rucola (geputzt)
2 El Olivenöl zum Beträufeln

1. Weißbrot längs in 4 ca. ½ cm dicke Scheiben schneiden, jede Scheibe noch einmal quer halbieren. Nebeneinander auf ein mit Backpapier ausgelegtes Backblech legen. Mit einem zweiten Bogen Backpapier abdecken und mit einem zweiten Backblech beschweren. Im vorgeheizten Backofen auf der mittleren Schiene bei 220 Grad in 6–8 Minuten goldbraun rösten (Gas 3–4, Umluft 200 Grad). Abkühlen lassen.

2. ⅔ der Ratatouille in einem Sieb gut abtropfen lassen. Dann mit dem Küchenmesser in ca. ½ cm große Stücke hacken. Alles in einer Schüssel mit dem Basilikum mischen. Mit Balsamico, Salz und Pfeffer abschmecken.

3. Für die erste Variation die Jakobsmuscheln gegen die Faser halbieren. Olivenöl in einer beschichteten Pfanne erhitzen und die Muscheln mit Knoblauch, Rosmarin und Thymian darin bei milder Hitze auf beiden Seiten 1–2 Minuten braten. Mit Salz und Pfeffer würzen. Ratatouille gleichmäßig auf den Weißbrotscheiben verteilen. Auf 4 Scheiben die Jakobsmuscheln verteilen und mit Basilikumblättern dekorieren.

4. Für die zweite Variation auf die restlichen Weißbrotscheiben den Schinken verteilen, mit Rucola garnieren und mit Olivenöl beträufeln.

Zubereitungszeit 1 Stunde
Pro Stück 10 g E, 22 g F, 37 g KH = 393 kcal (1646 kJ)

Ratatouille mit Kartoffelchips

Alle drei Variationen sind ein wunderbarer Snack zum Wein

Für 2 Portionen:
1 große Kartoffel (350 g)
Öl zum Frittieren
1/3 Grundrezept Ratatouille (Seite 76)
60 ml Schlagsahne
20 g Parmesan (frisch gerieben)
20 g Rucola (geputzt)

1. Die Kartoffel schälen, längs in 12 ca. 1–2 mm dünne Scheiben (Aufschnittmaschine oder Gemüsehobel) schneiden und 15 Minuten in lauwarmes Wasser legen. Dann in einem Sieb gut abtropfen lassen und mit Küchenpapier gut trockentupfen. In 160 Grad heißem Öl goldgelb frittieren. Auf Küchenpapier abtropfen lassen.

2. Ratatouille erhitzen, Sahne und Parmesan unterheben und von der Kochstelle nehmen. 4 Kartoffelscheiben auf eine Platte legen und etwas Rucola darauf verteilen. Jeweils 1 El Ratatouille und 1 Kartoffelscheibe darauf geben. So fortfahren, bis alle Zutaten verbraucht sind.
Mit restlichem Rucola garnieren.

Zubereitungszeit 30 Minuten
Pro Portion 10 g E, 66 g F, 28 g KH = 749 kcal (3142 kJ)

FRANKREICH

FRANKREICH

Lammcarré mit Olivenkruste

Aus einem provenzalischen Eintopf macht Johann Lafer ein feines Sonntagsessen

Für 4 Portionen:
Olivenkruste
4 Scheiben Weizentoastbrot
80 g weiche Butter
4 El schwarze Olivenpaste (Tapenade)
Salz, Pfeffer
Kartoffel-Artischocken-Ragout
400 g kleine fest kochende Kartoffeln
Salz
Saft von 1 Zitrone
12 kleine Artischocken (Cimaroli)
70 g Schalotten
1 Knoblauchzehe
6 El Olivenöl
1 El Rosmarinnadeln (fein gehackt)
1 El Thymian (fein gehackt)
4 Strauchtomaten
1 El glatte Petersilie (fein gehackt)
40 g Butter
Pfeffer
Lammcarré
2 Lammcarrés (à 400 g)
1 Knoblauchknolle
1 Schalotte
3 El Olivenöl
2 Stiele Thymian
1 Zweig Rosmarin
Salz, Pfeffer

1. Für die Olivenkruste das Toastbrot würfeln und im Mixer oder Blitzhacker fein zerkrümeln. Butter, Olivenpaste und Toastbrot mit einem Gummispatel zu einer glatten Masse verrühren. Mit Salz und Pfeffer abschmecken. Die Masse auf Klarsichtfolie geben, mit einer zweiten Klarsichtfolie abdecken und gleichmäßig mit der Handfläche ca. ½ cm flach drücken. 1 ½ Stunden in den Kühlschrank stellen.

2. Für das Kartoffel-Artischocken-Ragout die Kartoffeln in kochendem Salzwasser 25–30 Minuten garen. In der Zwischenzeit Zitronensaft mit 2 l kaltem Wasser verrühren. Von den Artischocken die äußeren harten Blätter großzügig entfernen. Artischockenstiele auf 3–4 cm kürzen und dünn mit einem Küchenmesser schälen. Das obere Drittel der Artischocken abschneiden. Artischocken längs halbieren und sofort in das Zitronenwasser legen. Kartoffeln abgießen, etwas ausdämpfen lassen und pellen.

3. Lammcarrés von Haut und Sehnen befreien. Knoblauch und Schalotte halbieren. Öl erhitzen und die Carrés darin kurz scharf anbraten. Knoblauch, Schalotte, Thymian und Rosmarin zugeben und kurz mitbraten.

4. Lammcarrés mit Knoblauch, Schalotte und Kräutern auf ein mit Alufolie ausgelegtes Backblech legen. Im vorgeheizten Backofen auf der mittleren Schiene bei 130 Grad (Gas 1, Umluft 120 Grad) 20–25 Minuten garen.

5. In der Zwischenzeit für das Ragout Schalotten und Knoblauch fein würfeln. Artischocken gut abtropfen lassen und trockentupfen. Olivenöl erhitzen und die Artischocken 5 Minuten bei mittlerer Hitze leicht anbraten. Kartoffeln zugeben und weitere 5 Minuten braten. Nach 3 Minuten Schalotten, Knoblauch, Rosmarin und Thymian zugeben. Strauchtomaten vierteln und mit der Butter und Petersilie zugeben. Mit Salz und Pfeffer würzen.

6. Lammcarrés aus dem Ofen nehmen. Von der Olivenpaste die obere Folie abziehen, Paste in 2 Streifen schneiden und so auf jedes Carré legen, dass das Fleisch völlig bedeckt ist. Unter dem vorgeheizten Backofengrill auf der oberen Schiene ca. 2 Minuten überbacken. Carrés in Koteletts schneiden (am besten mit dem elektrischen Messer) und mit dem Kartoffel-Artischocken-Ragout anrichten.

Zubereitungszeit 1 Stunde (plus Kühlzeit)
Pro Portion 37 g E, 90 g F, 38 g KH = 1115 kcal (4671 kJ)

Quark-Soufflé mit Zitrusfrüchte-Ragout

Orangen, Zitronen und Limetten sind im ganzen Mittelmeerraum beheimatet. Mit der schaumigen Quarkspeise ein Hochgenuss!

Für 4 Portionen:
Zitrusfrüchte-Ragout
2 Orangen
2 Zitronen
3 Limetten
1 rosa Grapefruit
100 g Zucker
200 ml Orangensaft (frisch gepresst)
2 El Orangenlikör
1–1 ½ El Speisestärke
Soufflé
etwas flüssige Butter und Zucker für die Förmchen
3 Eier (Kl. M)
200 g Magerquark
Mark von 1 Vanilleschote
1 El Speisestärke
Salz
60 g Zucker
80 g Himbeeren
Puderzucker zum Bestäuben

1. Für das Ragout alle Zitrusfrüchte sorgfältig bis auf das Fruchtfleisch schälen und die Filets zwischen den Trennhäuten herausschneiden, dabei den Saft (180 ml) der Früchte auffangen.

2. Zucker goldbraun karamellisieren. Mit Orangensaft und aufgefangenem Zitrussaft ablöschen und auf die Hälfte einkochen. Orangenlikör zugeben. Speisestärke mit etwas kaltem Wasser verrühren und den eingekochten Saft damit binden. Zitrusfilets zugeben, von der Kochstelle nehmen und abkühlen lassen.

3. Für die Soufflés 4 Förmchen (à 130 ml Inhalt) dünn mit Butter auspinseln und mit Zucker ausstreuen. Ein tiefes Backblech mit Küchenpapier auslegen und so viel heißes Wasser einfüllen, dass später die Förmchen zu ⅓ im Wasser stehen. Backblech auf der mittleren Schiene in den 250 Grad vorgeheizten Ofen (Gas 5, Umluft nicht empfehlenswert) schieben.

4. Die Eier trennen. Eiweiß kalt stellen. Eigelb mit Quark, Vanillemark und Speisestärke glatt rühren. Mit den Quirlen des Handrührers das Eiweiß mit 1 Prise Salz leicht anschlagen. Dann den Zucker nach und nach einrieseln lassen und steif schlagen. Eischnee vorsichtig nach und nach unter die Quarkmasse heben.

5. Soufflémasse in die Förmchen füllen, ins Wasserbad setzen und im heißen Ofen auf der mittleren Schiene 15 Minuten backen. Soufflés mit dem Zitrusfrüchte-Ragout und Himbeeren anrichten. Mit Puderzucker bestäubt sofort servieren.

Zubereitungszeit 1:30 Stunden
Pro Portion 14 g E, 8 g F, 70 g KH = 442 kcal (1853 kJ)

FRANKREICH

FRANKREICH

Bouillabaisse

Klassiker aus Marseille, klassisch serviert mit Rouille, der Knoblauchmayonnaise

Für 6 Portionen:
Bouillabaisse
1 Knurrhahn (geschuppt und ausgenommen, ca. 400 g)
1 Rotbarbe (geschuppt und ausgenommen, ca. 400 g)
1 Petersfisch (ca. 300 g)
200 g Garnelen mit Schale
300 g Miesmuscheln
5 El Olivenöl
Salz, Pfeffer
1 Zwiebel
1 Fenchelknolle
4 Knoblauchzehen
3 Streifen Orangenschale (unbehandelt)
2 El Tomatenmark
4 Stiele Thymian
2 Lorbeerblätter
1 Kapsel Safranfäden
5 El trockener weißer Wermut
200 ml Weißwein
600 g Tomaten
Rouille
150 g Kartoffeln
Salz
2 Pfefferschoten
2 Knoblauchzehen
1 Kapsel Safranfäden
50 ml Olivenöl
1 Ei (Kl. M)
100 ml Maiskeimöl

1. Für die Bouillabaisse von Knurrhahn, Rotbarbe und Petersfisch die Filets beidseitig von der Mittelgräte schneiden. Kopf und Gräten beiseite legen. Rotbarbenfilets quer in 3–4 cm breite Stücke schneiden. Garnelen aus den Schalen lösen. Schalen zu den Gräten legen. Petersfisch und Knurrhahn von der Haut schneiden und in 4–5 cm große Stücke schneiden. Muscheln unter kaltem Wasser gründlich abbürsten, Bärte entfernen und geöffnete und beschädigte Muscheln entsorgen.

2. Fischreste und Garnelenschalen in einen Topf geben und mit 2 l kaltem Wasser auffüllen. Bei milder Hitze 30 Minuten leise köcheln lassen (nicht kochen!) und den Schaum abschöpfen. Dann die Fischbrühe vorsichtig durch ein feines Küchensieb in einen Topf gießen (ca. 1,5 l).

3. 2 El Olivenöl in einer beschichteten Pfanne erhitzen und die Fischfilets darin kurz anbraten. Leicht salzen und pfeffern, aus der Pfanne nehmen und abgedeckt beiseite stellen.

4. Zwiebel und Fenchel grob würfeln. Knoblauch andrücken. Restliches Olivenöl in derselben Pfanne erhitzen, Zwiebeln, Fenchel, Knoblauch, Orangenschale und Tomatenmark kurz andünsten. Thymian, Lorbeer und Safran zugeben. Mit Wermut ablöschen. Von der Fischbrühe 5 El für die Rouille zur Seite stellen. Übrige Brühe und Weißwein zum Gemüse geben. Zugedeckt bei milder Hitze 30 Minuten kochen.

5. Inzwischen die Tomaten überbrühen, abschrecken, häuten, vierteln und entkernen. Tomaten, Fischfilets, Garnelen und Muscheln in die Brühe geben und zugedeckt weitere 3–4 Minuten ziehen lassen. Danach ungeöffnete Muscheln entfernen. Bouillabaisse in tiefen Tellern anrichten und mit Rouille servieren.

6. Für die Rouille die Kartoffeln schälen und in kochendem Salzwasser 25–30 Minuten garen. Abgießen, ausdämpfen lassen und durch die Kartoffelpresse drücken. Pfefferschoten längs halbieren, entkernen und fein würfeln. Knoblauch durchpressen und mit 1 Prise Salz, Pfefferschoten, Safran, Olivenöl, Ei und Öl in einem Küchenmixer zügig zu einer Mayonnaise mixen. Die 5 El Fischbrühe mit den durchgepressten Kartoffeln nach und nach zugeben und glatt rühren. Mit Salz abschmecken und zur Bouillabaisse servieren.

Zubereitungszeit 2:20 Stunden
Pro Portion 32 g E, 37 g F, 9 g KH = 500 kcal (2094 kJ)

Bouillabaisse-Tellersülze

Die kalte Ausgabe der südfranzösischen Suppe: ein Imbiss der Extraklasse für heiße Sommertage!

Für 4 Portionen:
- 1 Zwiebel (80 g)
- 2 Knoblauchzehen
- 150 g Möhren
- 1 Fenchelknolle
- 1 Stange Porree
- 4 Kaisergranate
- 6 El Olivenöl
- 2 Tl Tomatenmark
- 10 Kirschtomaten
- 2 Lorbeerblätter
- 1 Stiel Thymian
- 1 Kapsel Safranfäden
- Salz, Pfeffer
- 9 El trockener weißer Wermut
- 200 ml Weißwein
- 600 g Fischgräten (evtl. beim Fischhändler vorbestellen)
- 2 Eiweiß (Kl. M)
- 600 g Filet von Mittelmeerfischen (küchenfertig)
- 4 Blatt weiße Gelatine
- 2 Tomaten
- 8 El Champagner oder trockener Sekt

1. Zwiebel und Knoblauch grob würfeln. Möhren schälen. Vom Fenchel das Fenchelgrün abschneiden und beiseite legen. Porree putzen und waschen. Möhren, Fenchel und Porree jeweils zur Hälfte grob würfeln, die andere Hälfte in feine Streifen schneiden. Aus den Kaisergranatschwänzen das Fleisch auslösen und beiseite legen.

2. 3 El Olivenöl in einem Topf erhitzen und das gewürfelte Gemüse mit den Kaisergranatschalen und -scheren darin andünsten. Tomatenmark zugeben und kurz anrösten. Kirschtomaten, Lorbeer, Thymian und Safran zugeben. Leicht salzen und pfeffern. Mit 4 El Wermut ablöschen und mit Weißwein auffüllen. Die gewaschenen Fischgräten zugeben. 1 ½ l kaltes Wasser mit dem Eiweiß verquirlen und zugießen. Bei milder Hitze 40–45 Minuten sieden (nicht kochen!) lassen.

3. In der Zwischenzeit die Fischfilets in 2–3 cm große Stücke schneiden. Restliches Olivenöl erhitzen und das in Streifen geschnittene Gemüse darin andünsten. Mit dem restlichen Wermut ablöschen, Fischstücke und Kaisergranatfleisch darauf legen. Zugedeckt bei milder Hitze 2–3 Minuten garen. Mit Salz und Pfeffer würzen. Abkühlen lassen. Gemüse und Fische in tiefen Tellern verteilen und abgedeckt kalt stellen.

4. Fischsud vorsichtig durch ein mit einem Küchentuch ausgelegtes Sieb in einen Topf gießen. Gelatine in kaltem Wasser einweichen. 600 ml warmen Sud abmessen, die Gelatine gut ausdrücken und im Sud auflösen. Auf Eis stellen und gelieren lassen.

5. In der Zwischenzeit die Tomaten überbrühen, abschrecken, häuten, vierteln, entkernen und in ½ cm große Würfel schneiden. Tomaten auf den Fischfilets verteilen. Unter den gelierten Fischsud vorsichtig den Champagner rühren. Gelee über die ausgekühlten Fischstücke verteilen. Mit Fenchelgrün bestreut sofort servieren.

Zubereitungszeit 1:30 Stunden
Pro Portion 38 g E, 20 g F, 6 g KH = 383 kcal (1603 kJ)

FRANKREICH

FRANKREICH

Salade niçoise

Über Frankreichs Grenzen hinaus hat dieser bunte Salat mit Thunfisch, Sardellen und Ei in der ganzen Welt begeisterte Freunde gefunden

Für 4 Portionen:
Vinaigrette
2 Knoblauchzehen
2–3 El Weißweinessig
6 El Olivenöl
Salz, Pfeffer
Salat
120 g Prinzessbohnen, Salz
1 gelbe Paprikaschote (200 g)
½ Salatgurke
4 Tomaten
1 kleines Bund Radieschen
200 g Thunfisch (in Öl)
50 g Sardellen (in Öl)
4 Eier (Kl. M, hart gekocht)
50 g kleine schwarze Oliven (ohne Stein)
2 El kleine Kapern
120 g gemischter Blattsalat (Kopfsalat, Frisée, Radicchio)
3 Stiele glatte Petersilie

1. Für die Vinaigrette die Knoblauchzehen fein würfeln und mit Essig und Olivenöl verrühren. Mit Salz und Pfeffer würzen und beiseite stellen.

2. Für den Salat die Bohnen putzen, halbieren und in kochendem Salzwasser 3 Minuten blanchieren. Dann abschrecken und in einem Sieb gut abtropfen lassen. Paprika längs vierteln, entkernen und in grobe Stücke schneiden. Salatgurke in 3–4 mm dicke Scheiben schneiden. Tomaten in Spalten schneiden. Radieschen putzen und in dünne Scheiben schneiden.

3. Thunfisch in einem Sieb gut abtropfen lassen und grob auseinander zupfen. Sardellen in einem Sieb gut abtropfen lassen und schräg in feine Streifen schneiden. Eier pellen und längs vierteln.

4. Alles mit Oliven, Kapern und Blattsalat auf eine Platte geben. Vinaigrette über den Salat gießen. Mit Petersilienblättern bestreuen.

Zubereitungszeit 30 Minuten
Pro Portion 25 g E, 33 g F, 7 g KH = 426 kcal (1787 kJ)

Salat-Gemüse-Röllchen auf Thunfisch-Carpaccio

Die sensationelle Verwandlung des Salade niçoise nach Lafer Art!

Für 4 Portionen:
Salat-Gemüse-Röllchen
1 rote Paprikaschote (200 g)
1 gelbe Paprikaschote (200 g)
2 El Olivenöl
50 g Prinzessbohnen
Salz
4 Radieschen
1 kleine Salatgurke (400 g)
1 kleiner Kopf Eisbergsalat
4 El Tapenade
(schwarze Olivenpaste)
Pfeffer
Thunfisch-Carpaccio
350 g Thunfischfilet
(Sashimi-Qualität)
4 El Olivenöl
2 El Aceto balsamico bianco
Salz, Pfeffer
1 El Mayonnaise
1 Knoblauchzehe
Außerdem
Sushi-Matte

1. Für die Gemüseröllchen die Paprika längs halbieren, entkernen und mit der Hautseite nach oben auf ein Backblech legen. Mit Olivenöl beträufeln und im vorgeheizten Ofen auf der mittleren Schiene bei 150 Grad (Gas 1–2, Umluft 130 Grad) 30 Minuten garen. Dann leicht abkühlen lassen und die Haut abziehen.

2. Bohnen putzen und in kochendem Salzwasser 2–3 Minuten blanchieren. In eiskaltem Wasser abschrecken, in ein Sieb geben und gut abtropfen lassen. Radieschen putzen, waschen und in dünne Scheiben schneiden. Gurke schälen, längs halbieren, entkernen und in $\frac{1}{2}$ cm dicke, ca. 15 cm lange Stücke schneiden.

3. Vom Eisbergsalat 4–6 große äußere Salatblätter ablösen und waschen. Salatherz in ca. 1 cm breite Streifen schneiden. Je 2–3 große Salatblätter leicht überlappend auf eine Sushi-Matte legen. Auf das lange Ende der Salatblätter je 1 rote und gelbe Paprikahälfte legen. Die Hälfte der Gurkenstücke, Radieschen und Bohnen darauf verteilen. Darauf 2 El Tapenade und die Hälfte der Salatherzenstreifen verteilen. Mit Salz und Pfeffer würzen. Mit Hilfe der Matte fest aufrollen und die Salat-Gemüse-Rolle auf einen Teller legen. Mit den übrigen Zutaten eine zweite Rolle herstellen. Beide kalt stellen.

4. Für das Carpaccio den Thunfisch in 12 ca. 2–3 mm dünne Scheiben schneiden.

5. 4 flache Teller mit jeweils $\frac{1}{2}$ El Olivenöl einpinseln und mit jeweils 3 Thunfischscheiben belegen. Restliches Olivenöl und Essig verrühren und das Carpaccio damit einpinseln. Mit Salz und Pfeffer würzen.

6. Mayonnaise mit 2–3 El Wasser und durchgepresstem Knoblauch verrühren und mit Salz und Pfeffer würzen. Carpaccio damit beträufeln.

7. Salatröllchen mit einem scharfen Messer schräg in 3–4 cm dicke Stücke schneiden und jeweils 2 Röllchen auf das Carpaccio legen.

Zubereitungszeit 1:10 Stunden
Pro Portion 23 g E, 43 g F, 7 g KH = 500 kcal (2092 kJ)

FRANKREICH

Tarte au citron

Mit der Tarte tatin wohl die bekannteste Tarte Frankreichs

Für 6 Stücke:
Teig
100 g weiche Butter
50 g Puderzucker
1 Eigelb (Kl. M)
Salz
abgeriebene Schale von
1 Zitrone (unbehandelt)
180 g Mehl
Butter für die Form
Füllung
3 unbehandelte Zitronen
4 Eier (Kl. M)
125 g Butter
210 g Zucker
Salz
Außerdem
Getrocknete Hülsenfrüchte zum Blindbacken

1. Für den Mürbeteig Butter, Puderzucker, Eigelb, 1 Prise Salz, Zitronenschale und Mehl zu einem glatten, geschmeidigen Teig verkneten. Teig in Folie wickeln und 1 Stunde kühl stellen.

2. Tarteform (24 cm Ø, mit herausnehmbaren Boden) dünn mit Butter auspinseln. Teig aus der Folie wickeln und auf ca. 28 cm Ø ausrollen. Teig in die Form legen, rundum leicht andrücken und den Rand mit einem Küchenmesser begradigen. Backpapier auf den Teig legen und mit getrockneten Hülsenfrüchten auffüllen. Im vorgeheizten Ofen auf der mittleren Schiene bei 210 Grad (Gas 3–4, Umluft 190 Grad) 15 Minuten blindbacken. Hülsenfrüchte und Papier entfernen und nochmals 10 Minuten backen, bis der Teig goldbraun ist.

3. Für die Füllung die Zitronenschale fein abreiben. Dann Zitronen auspressen (120 ml). Eier trennen und das Eiweiß kalt stellen.

4. Butter in einem Topf zerlassen und 150 g Zucker zugeben. Eigelb, Zitronenschale und Zitronensaft zugeben und bei milder Hitze unter ständigem Rühren (nicht kochen!) 5–8 Minuten erwärmen, bis die Flüssigkeit bindet und dickflüssig ist. In eine Schüssel geben und abkühlen lassen.

5. Mit den Quirlen des Handrührers das Eiweiß mit 1 Prise Salz leicht anschlagen. Dann den restlichen Zucker nach und nach einrieseln lassen und steif schlagen.

6. Zitronencreme auf dem Tarteboden verteilen. Eischnee gleichmäßig mit einem Esslöffel auf der Zitronencreme verteilen. Im vorgeheizten Backofen auf der mittleren Schiene bei 210 Grad (Gas 3–4, Umluft 190 Grad) nochmals 10–15 Minuten backen, bis das Baiser goldgelb ist. Vor dem Servieren ganz auskühlen lassen. Dann die Tarte aus der Form lösen und am besten mit dem elektrischen Messer in 6 Stücke schneiden.

Zubereitungszeit 1:30 Stunden (plus Abkühlzeit)
Pro Stück 9 g E, 39 g F, 69 g KH = 660 kcal (2768 kJ)

Provenzalischer Eintopf

Mit dem Duft von sonnengereiftem Gemüse und aromatischen Kräutern kommt der Süden zu Ihnen nach Hause

Für 4–6 Portionen:
200 g Zwiebeln
2 Knoblauchzehen
1 Zweig Rosmarin
12 Stiele Thymian
800 g Lammfleisch (aus der Keule, ohne Knochen)
120 ml Olivenöl
Salz, Pfeffer
250 ml trockener Rotwein
400 g geschälte Dosentomaten
1 Aubergine (250 g)
1 Zucchini (250 g)
1 rote Paprikaschote (200 g)
1 gelbe Paprikaschoten (200 g)
1 rote Pfefferschote

1. Zwiebeln grob würfeln. Knoblauchzehen fein würfeln. Rosmarinnadeln und Blätter von 8 Thymianstielen abstreifen und fein hacken.

2. Lammfleisch in 3–4 cm große Würfel schneiden. 40 ml Olivenöl in einem Schmortopf erhitzen und das Fleisch darin braun anbraten.

3. Zwiebeln und Knoblauch zugeben und goldgelb anbraten. Die Hälfte von Rosmarin und Thymian zugeben. Mit Salz und Pfeffer würzen. Mit Rotwein ablöschen. Tomaten mit Saft zugeben und zugedeckt im vorgeheizten Backofen auf der untersten Schiene bei 200 Grad (Gas 3, Umluft 180 Grad) 1 Stunde garen.

4. In der Zwischenzeit Aubergine putzen, längs halbieren und in ½ cm dicke Scheiben schneiden. Zucchini waschen, putzen und in ½ cm dicke Scheiben schneiden. Paprika längs vierteln, entkernen, mit dem Sparschäler schälen und in 2–3 cm große Stücke schneiden. Pfefferschote putzen, längs halbieren, entkernen und quer in feine Streifen schneiden. Restliches Olivenöl erhitzen, Auberginen und Zucchini darin bei starker Hitze goldbraun anbraten. Paprika und Pfefferschoten mit restlichem gehacktem Rosmarin und Thymian zugeben. Mit Salz und Pfeffer würzen und zum Fleisch geben. In tiefen Tellern mit dem restlichen Thymian servieren. Dazu passt Baguette.

Zubereitungszeit 1:20 Stunden
Pro Portion (bei 6 Portionen) 30 g E, 26 g F, 6 g KH = 384 kcal (1610 kJ)

Balkan

Cevapcici und Balkanspieß – kein Balkanrestaurant, das sie nicht auf seiner Speisekarte hat. Johann Lafer hat diese traditionellen Gerichte behutsam modernisiert. Sehen Sie selbst!

Auf Felsen gebaut: Dubrovnik, die Hafen- und Handelsstadt an der dalmatinischen Adriaküste

Garnelen-Fisch-Röllchen mit Paprikasauce

Edle Meeres-Variante der bekannten Cevapcici aus Hackfleisch

Für 4 Portionen:
Röllchen
300 g Riesengarnelen (ohne Schale)
400 g Kabeljaufilet (ohne Haut)
1 rote Pfefferschote
1 Knoblauchzehe
1 Ei (Kl. M)
1 ½ El glatte Petersilie (fein gehackt)
Salz, Pfeffer
2–3 El Zitronensaft
4 El Olivenöl
2 Stiele Thymian
2 Zweige Rosmarin
Paprikasauce
1 gelbe Paprikaschote (200 g)
2 rote Paprikaschoten (à 200 g)
3 Stiele Thymian
5 El Olivenöl
1 Knoblauchzehe
1 Schalotte (50 g)
1 El edelsüßes Paprikapulver
100 ml Weißwein
150 ml Geflügelfond
100 ml Schlagsahne
Salz, Pfeffer

1. Für die Garnelen-Fisch-Röllchen Garnelen und Kabeljau durch die grobe Scheibe des Fleischwolfs drehen (oder mit einem großen Küchenmesser sehr fein hacken). Pfefferschote längs halbieren, entkernen und mit dem Knoblauch sehr fein würfeln. Beides mit Ei und Petersilie unter die Garnelen-Fisch-Masse mischen. Mit Salz, Pfeffer und Zitronensaft würzen. 30 Minuten kalt stellen.

2. Für die Sauce die Paprika halbieren, entkernen und mit der Hautseite nach oben mit dem Thymian auf ein Backblech legen. Mit 3 El Olivenöl beträufeln und im vorgeheizten Backofen auf der mittleren Schiene bei 150 Grad (Gas 1–2, Umluft nicht empfehlenswert) 30 Minuten garen.

3. Dann aus dem Ofen nehmen und die Haut abziehen. Gelbe Paprika in ½ cm große Würfel schneiden und beiseite stellen. Knoblauch und Schalotte fein würfeln. Restliches Olivenöl erhitzen und die rote Paprika mit Knoblauch, Schalotten und Paprikapulver kurz darin andünsten. Weißwein, Fond und 50 ml Sahne zugießen. 5 Minuten bei mittlerer Hitze kochen lassen. Dann mit dem Schneidstab fein pürieren. Gelbe Paprikawürfel zugeben und mit Salz und Pfeffer abschmecken. Warm stellen. Kurz vor dem Servieren die restliche Sahne steif schlagen und unterheben.

4. Die Garnelen-Fisch-Masse in einen Spritzbeutel ohne Lochtülle füllen. Dann längliche Bahnen auf die Arbeitsfläche spritzen und diese in 5–6 cm lange Stücke schneiden. Olivenöl in einer großen beschichteten Pfanne erhitzen. Garnelen-Fisch-Röllchen darin mit Thymian und Rosmarin bei mittlerer Hitze in 3–5 Minuten rundherum goldbraun braten.
Mit der Sauce servieren.
Dazu passen Petersilienkartoffeln.

Zubereitungszeit 1:20 Stunden
Pro Portion 37 g E, 34 g F, 6 g KH = 479 kcal (2002 kJ)

BALKAN

Cevapcici mit Paprika-Tomaten-Salat

Die kleine Ausgabe des großen Spießbratens, cevap genannt, und auf dem ganzen Balkan beliebt

Für 4 Portionen:
Cevapcici
70 g Zwiebeln
3 Knoblauchzehen
2 El glatte Petersilie (fein gehackt)
300 g Rinderhackfleisch
300 g Schweinehackfleisch
Salz, Pfeffer
1 El edelsüßes Paprikapulver
4 dünne Scheiben Schinkenspeck
6–8 El Olivenöl
Paprika-Tomaten-Salat
3 gelbe Paprikaschoten (à 200 g)
150 g rote Zwiebeln
200 g Kirschtomaten
3 Stiele Basilikum
4 El Aceto balsamico bianco
6 El Olivenöl
Salz, Pfeffer
Außerdem
Holzspieße

1. Für die Cevapcici Zwiebeln und Knoblauch fein würfeln. Beides mit der Petersilie zum Rind- und Schweinehack geben und gut vermengen. Mit Salz, Pfeffer und Paprikapulver würzen.

2. Aus der Masse mit einem Eisportionierer 12 Kugeln abstechen. 8 Kugeln mit feuchten Händen zu ca. 2 cm dicken und 5 cm langen Würstchen rollen. 4 Kugeln etwas flach drücken, mit jeweils 1 Schinkenscheibe umwickeln und auf kleine Spieße stecken. Olivenöl in einer Grillpfanne (oder einer beschichteten Pfanne) erhitzen und die Cevapcici darin bei mittlerer Hitze 5–6 Minuten braten, zwischendurch mehrmals wenden.

3. Für den Paprika-Tomaten-Salat die Paprika längs vierteln, entkernen, mit einem Sparschäler schälen und in 3–4 cm große Stücke schneiden. Zwiebeln in feine Streifen schneiden. Kirschtomaten halbieren. Basilikumblätter abzupfen. Alles in eine Schüssel geben. Essig, Olivenöl und etwas Salz und Pfeffer zugeben und vorsichtig mischen.

4. Würstchen und Spieße mit dem Salat servieren.

Zubereitungszeit 50 Minuten
Pro Portion 32 g E, 60 g F, 11 g KH = 700 kcal (2931 kJ)

Balkanspieß mit Reissalat

Lammfleisch, Reis und Paprika: traditionelle Zutaten für ein feines Gericht

Für 4 Portionen:
Spieße
3 Knoblauchzehen
1 Schalotte
1 Zweig Rosmarin
2 Stiele Thymian
100 ml Olivenöl
400 g Lammrücken
(ausgelöst, küchenfertig)
1 Zucchini
12 dünne Scheiben
Schinkenspeck (ca. 120 g)
20 g Butter
Reissalat
2 Schalotten
2 Knoblauchzehen
6 El Olivenöl
200 g Reis
1–2 Tl edelsüßes
Paprikapulver
100 ml Weißwein
300 ml Gemüsebrühe
Salz, Pfeffer
je 1 kleine rote, gelbe und grüne Paprikaschote
(à 120 g)
120 g Mais (Dose)
100 g rote Zwiebeln
8 El Aceto balsamico bianco
2 El glatte Petersilie
(fein gehackt)
Außerdem
Holzspieße

1. Für die Marinade die Knoblauchzehen andrücken und mit gewürfelter Schalotte, Rosmarin, Thymian und Öl in eine Schale geben. Lammrücken von Haut und Sehnen befreien und in 12 gleich große Stücke schneiden. Fleisch in das Knoblauchöl legen, abdecken und 6–8 Stunden im Kühlschrank marinieren.

2. Für den Reissalat Schalotten und Knoblauch fein würfeln und in 2 El Olivenöl glasig dünsten. Reis und Paprikapulver zugeben und unter Rühren kurz andünsten. Wein und Brühe zugießen, mit Salz und Pfeffer würzen und offen bei mittlerer Hitze 10 Minuten kochen, bis die Flüssigkeit fast vollständig vom Reis aufgenommen ist. Dann zugedeckt auf der ausgeschalteten Herdplatte langsam gar ziehen lassen. Den Reis mit einer Gabel auflockern.

3. Paprika vierteln, entkernen, schälen und quer in 3–4 mm breite Streifen schneiden. Mais in ein Sieb geben, mit kaltem Wasser abspülen und gut abtropfen lassen. Rote Zwiebeln halbieren und längs in feine Streifen schneiden. In 2 El heißem Olivenöl kurz andünsten, Paprika und Mais zugeben und mit Aceto balsamico ablöschen. Mit restlichem Olivenöl und Petersilie unter den ausgekühlten Reis mischen. Mit Salz und Pfeffer abschmecken.

4. Für die Spieße die Zucchini längs in 1–2 mm dünne Scheiben schneiden (am besten mit einem Sparschäler). Das Fleisch aus der Marinade nehmen, gut abtropfen lassen und jeweils mit 1 Scheibe Speck umwickeln. Jeweils 3 Fleischstücke mit jeweils 2 Zucchinistreifen abwechselnd auf Holzspieße stecken.

5. 4 El Marinadenöl in einer beschichteten Pfanne erhitzen. Spieße darin bei mittlerer Hitze in 4–5 Minuten rundherum goldbraun anbraten. Mit Salz und Pfeffer würzen. Butter zugeben, Spieße glasieren, vom Herd nehmen und 2–3 Minuten in der heißen Pfanne ziehen lassen. Mit dem Reissalat servieren.

Zubereitungszeit 1 Stunde (plus Marinierzeit)
Pro Portion 31 g E, 45 g F, 55 g KH = 750 kcal (3140 kJ)

BALKAN

Djuvec-Reis

Diesen deftigen Eintopf aus Serbien kann man mit Rind-, Schweine- oder Lammfleisch zubereiten

Für 4 Portionen:
100 g Schalotten
600 g Rindfleisch (aus der Keule)
300 g Möhren
600 g kleine fest kochende Kartoffeln
1 Stange Porree
1 rote Paprikaschote (200 g)
80 g Prinzessbohnen
1 große Aubergine
2 große Tomaten
4 El Olivenöl
1 ½ l Fleischbrühe
200 g Reis
Salz, Pfeffer
1 El glatte Petersilie (fein gehackt)

1. Schalotten fein würfeln. Fleisch in 3–4 cm große Würfel schneiden. Möhren schälen und schräg in ½ cm breite Scheiben schneiden. Kartoffeln schälen. Porree putzen, längs halbieren und nur das Weiße und Hellgrüne in 2 cm große Stücke schneiden. Paprika längs halbieren, entkernen und in ½ cm breite Streifen schneiden. Bohnen putzen. Aubergine in 2 cm große Würfel schneiden. Tomaten überbrühen, abschrecken, häuten, vierteln, entkernen und die Viertel nochmals halbieren.

2. Öl erhitzen und das Fleisch darin braun anbraten. Dann die Schalotten zugeben und kurz anbraten. Brühe zugießen, Möhren und Kartoffeln zugeben und zugedeckt bei mittlerer Hitze 25 Minuten kochen. Dann den Reis mit dem restlichen Gemüse zugeben und weitere 20–25 Minuten garen. Mit Salz und Pfeffer abschmecken, mit Petersilie bestreut servieren.

Zubereitungszeit 1:20 Stunden
Pro Portion 41 g E, 18 g F, 63 g KH = 579 kcal (2427 kJ)

Italien

Kaum eine andere Küche ist für Johann Lafer so inspirierend wie die italienische. Und deshalb sind seine Ideen zu Fisch, Meeresfrüchten und Pasta einfach umwerfend!

Traumziel der Deutschen: die italienische Mittelmeerküste, hier Marina di Campo auf Elba

Lasagne alla bolognese

Der berühmte Auflauf aus Bologna, der Hauptstadt der Emilia-Romagna, steht inzwischen auf nahezu allen italienischen Speisekarten dieser Welt

Für 6 Portionen:
Lasagne
100 g Zwiebeln
1 Knoblauchzehe
1 Stange Staudensellerie
100 g kleine Möhren
3 El Olivenöl
450 g Rinderhackfleisch
150 g Schweinehackfleisch
100 ml Rotwein
200 ml Fleischbrühe
1 Dose Tomaten (480 g EW)
Salz, Pfeffer
3 El glatte Petersilie (fein gehackt)
1 El frischer Majoran (fein gehackt)
etwas weiche Butter für die Form
12 Lasagneblätter (Instant)
70 g Parmesan (frisch gerieben)
Béchamelsauce
30 g Butter
30 g Mehl
500 ml Milch
Salz, Pfeffer
Muskatnuss
30 g Parmesan

1. Zwiebeln und Knoblauch fein würfeln. Vom Sellerie die Fäden abziehen und in 3–4 mm dicke Stücke schneiden. Möhren schälen und in 3–4 mm dicke Scheiben schneiden.

2. Olivenöl in einem Topf erhitzen und darin Zwiebeln, Knoblauch, Sellerie und Möhren andünsten. Rinder- und Schweinehack zugeben, unter Wenden anbraten, bis es krümelig zerfällt. Mit Rotwein und Fleischbrühe auffüllen. Tomaten zugeben. Mit Salz und Pfeffer würzen. Offen bei mittlerer Hitze 35–40 Minuten kochen lassen. Dann Petersilie und Majoran zugeben.

3. Für die Béchamelsauce die Butter in einem Topf erhitzen. Mehl zugeben und unter ständigem Rühren ohne Farbe anschwitzen. Die kalte Milch zugießen und unter gelegentlichem Rühren bei milder Hitze, 10 Minuten kochen lassen. Mit Salz, Pfeffer und Muskat würzen. Topf vom Herd nehmen und den Käse unterrühren.

4. Eine Auflaufform (25 x 20 cm) dünn mit Butter auspinseln. Jeweils 3 Lasagneblätter hineinlegen, mit 1 Schicht Bolognese und etwas Béchamel gleichmäßig bedecken und mit etwas Parmesan bestreuen. So fortfahren, bis alle Zutaten aufgebraucht sind. Mit Lasagneblättern und Béchamelsauce abschließen, restlichen Parmesan auf die Sauce streuen. Im vorgeheizten Ofen auf der mittleren Schiene bei 200 Grad (Gas 3, Umluft 180 Grad) in 15–20 Minuten goldbraun backen. Sofort servieren.

Zubereitungszeit 1:40 Stunden
Pro Portion 33 g E, 36 g F, 31 g KH = 578 kcal (2424 kJ)

ITALIEN

Kabeljau-Beignets mit Bohnensalat

Bohnen jeder Art sind in der Toskana sehr populär. Mit knusprig gebackenem Fisch: einfach umwerfend!

Für 4 Portionen:
Bohnensalat
150 g getrocknete dicke weiße Bohnen
1 Stiel Salbei
3 Stiele Thymian
1 Zweig Rosmarin
3 Knoblauchzehen
100 g dicke grüne Bohnen (Saubohnen)
100 g Keniabohnen
Salz
70 g Schalotten
1 Knoblauchzehe
150 g Kirschtomaten
1 El frisches Bohnenkraut (fein gehackt)
2–3 El Aceto balsamico
5 El Olivenöl
Pfeffer
Zabaione
2 El Weißwein
1 Ei (Kl. M)
2 Eigelb (Kl. M)
30 ml Schlagsahne
150 ml Olivenöl mit Zitrone
Salz
Cayennepfeffer
Kabeljau-Beignets
2 Eier (Kl. M)
150 g Mehl
80 ml Weißwein
Salz
400 g Kabeljaufilet (ohne Haut)
Pfeffer
3 El Zitronensaft
500 ml Öl zum Frittieren
Außerdem
Gourmet-Whip-Flasche

1. Die weißen Bohnen über Nacht in reichlich kaltem Wasser einweichen.

2. Einweichwasser abgießen. Bohnen mit Salbei, Thymian, Rosmarin und Knoblauch in reichlich kochendem Wasser bei mittlerer Hitze 1 ½ Stunden garen.

3. In der Zwischenzeit die dicken grünen Bohnen und Keniabohnen putzen, Keniabohnen halbieren. Bohnen in kochendem Salzwasser blanchieren und in Eiswasser abschrecken. Dann in einem Sieb gut abtropfen lassen.

4. Schalotten und Knoblauch fein würfeln. Kirschtomaten halbieren. Die weißen Bohnen abgießen, Kräuter und Knoblauch entfernen und mit den anderen Bohnen in eine Schüssel geben. Knoblauch, Schalotten, Kirschtomaten und Bohnenkraut zugeben und mischen. Essig und Olivenöl mit Salz und Pfeffer verrühren und unter den Bohnensalat mischen. Durchziehen lassen.

5. Für die Zabaione Weißwein, Ei, Eigelb und Sahne verrühren. Das Öl langsam unter ständigem Rühren dazugießen. Mit Salz und Cayennepfeffer würzen. Die Sauce unter ständigem Rühren über dem heißen Wasserbad erhitzen (ca. 60 Grad) und dabei leicht cremig aufschlagen. Dann durch ein feines Sieb in eine Gourmet-Whip-Flasche füllen. 1 isi-Sahnekapsel aufschrauben, kräftig schütteln. Flasche warm stellen.

6. Für die Kabeljau-Beignets die Eier trennen. Eigelb mit 100 g Mehl und Wein zu einem glatten Teig verrühren. Eiweiß mit 1 Prise Salz sehr steif schlagen und vorsichtig mit einem Gummispatel unter den Teig heben.

7. Kabeljau waschen, gut trockentupfen, in mundgerechte Stücke schneiden und mit Salz, Pfeffer und Zitronensaft würzen. Fischstücke im restlichen Mehl wenden, in den Backteig tauchen und in 160 Grad heißem Öl in 3–4 Minuten goldgelb frittieren. Auf Küchenpapier abtropfen lassen, mit Bohnensalat und Zabaione servieren.

Zubereitungszeit 2 Stunden (plus Einweichzeit)
Pro Portion 45 g E, 82 g F, 55 g KH = 1147 kcal (4802 kJ)

Miesmuschel-Ragout

Lafers mutige Abwandlung der Spaghetti mit Miesmuscheln aus Kampanien: die Muscheln mit Curry gewürzt, die Spaghetti als Rösti gebraten

Für 4 Portionen:
Miesmuschel-Ragout
1,5 kg Miesmuscheln
5 Stangen Staudensellerie
100 g Zwiebeln
150 g Möhren
1 kleine Stange Porree
4 El Olivenöl
250 ml Weißwein
70 g Schalotten
2 Knoblauchzehen
40 g Butter
1 El Currypulver
1 Tl Mehl
150 ml Schlagsahne
Salz, Pfeffer
50 g getrocknete Tomaten (in Öl)
1 El Fenchelgrün (fein gehackt)
2 Stiele Fenchelgrün zum Garnieren
Spaghetti-Rösti
150 g Spaghetti
Salz
1 Ei (Kl. M)
30 g Parmesan (frisch gerieben)
Salz, Pfeffer
6 El Olivenöl

1. Muscheln unter kaltem Wasser gründlich abbürsten, Bärte und geöffnete Muscheln entfernen. Gemüse putzen. 2 Selleriestangen in feine Würfel schneiden, beiseite stellen. Restlichen Sellerie mit Zwiebeln, Möhren und Porree grob würfeln.

2. In einem großen Topf das grob gewürfelte Gemüse in heißem Olivenöl 2–3 Minuten andünsten. Muscheln zugeben und mit Weißwein ablöschen. Zugedeckt bei mittlerer Hitze 5 Minuten garen. Dann abgießen, dabei 250 ml Muschelsud durch ein mit Küchenpapier ausgelegtes Sieb in eine Schüssel gießen. Muscheln abkühlen lassen, geschlossene Muscheln entfernen. Das Fleisch aus den Schalen lösen.

3. Schalotten und Knoblauch fein würfeln. Butter erhitzen, Schalotten, Knoblauch und fein gewürfelten Sellerie darin andünsten. Mit Curry und Mehl bestäuben und kurz anschwitzen. Mit dem Muschelsud ablöschen. 100 ml Sahne zugießen und bei mittlerer Hitze offen 5–8 Minuten kochen lassen. Mit Salz und Pfeffer würzen.

4. Tomaten gut abtropfen lassen und fein würfeln. Fenchelgrün, Tomaten und Muschelfleisch in die heiße Currysauce geben. Warm stellen. Kurz vor dem Servieren die restliche Sahne steif schlagen und unter das Ragout heben.

5. Für die Spaghetti-Rösti die Spaghetti in reichlich kochendem Salzwasser bissfest garen. In ein Sieb schütten, abschrecken und gut abtropfen lassen.

6. Ei verquirlen und mit dem Parmesan unter die Spaghetti mischen. Mit Salz und Pfeffer würzen. Olivenöl in einer beschichteten Pfanne erhitzen. 4 Metallringe (8 cm Ø) nebeneinander in die Pfanne setzen. Spaghetti gleichmäßig in den Ringen verteilen. Bei mittlerer Hitze 2–3 Minuten von jeder Seite goldbraun braten.

7. Muschelragout mit den Rösti anrichten. Mit Fenchelgrün garnieren.

Zubereitungszeit 1:20 Stunden
Pro Portion 18 g E, 44 g F, 34 g KH = 617 kcal (2582 kJ)

ITALIEN

115

ITALIEN

Profiteroles mit Vanillecreme

In Italien werden die Profiteroles nicht mit Karamell, sondern mit Schokolade überzogen

Für 30–35 Stück:
Profiteroles
30 g Butter
Salz
75 g Mehl
2 Eier (Kl. M)
Füllung
2 Blatt weiße Gelatine
250 ml Schlagsahne
40 g Puderzucker
Mark von 1 Vanilleschote
3 Eigelb (Kl. M)
Glasur
1 Fl. feinherbe Schokoladenglasur (200 g)
Puderzucker zum Bestreuen
2 Stiele Minze

1. Für den Brandteig 125 ml Wasser mit Butter und 1 Prise Salz aufkochen. Das Mehl mit einem Schneebesen zügig einrühren. Dann mit einem Holzlöffel so lange rühren, bis sich die Masse als Kloß vom Topfboden löst und ein weißer Belag sichtbar wird (das dauert 1–2 Minuten). Teig 5 Minuten abkühlen lassen. Dann mit den Knethaken des Handrührers nacheinander die Eier zugeben und zu einem zähen, aber geschmeidigen Teig rühren. Jedes Ei muss vollständig untergearbeitet sein, bevor das nächste zugegeben wird.

2. Teig in einen Spritzbeutel mit mittlerer Lochtülle füllen. Auf ein mit Backpapier ausgelegtes Backblech 30–35 haselnussgroße Tupfen spritzen, dabei 3 cm Abstand lassen. Teigspitzen mit einem nassen Finger etwas flach drücken. Im vorgeheizten Backofen auf der mittleren Schiene bei 200 Grad (Gas 3, Umluft 15–20 Minuten bei 200 Grad) in 25–30 Minuten goldbraun backen. Aus dem Ofen nehmen und ganz auskühlen lassen.

3. Für die Füllung die Gelatine in kaltem Wasser einweichen. 150 ml Sahne mit Puderzucker und Vanillemark aufkochen. Vanillemilch mit dem Eigelb in einem Schlagkessel schnell verrühren und über dem heißen Wasserbad in 3–5 Minuten cremigdicklich aufschlagen. Sofort durch ein feines Sieb in eine Schüssel streichen. Gelatine gut ausdrücken und in der warmen Vanillecreme auflösen. Gut verrühren und auf Eis abkühlen lassen, bis die Creme leicht zu gelieren beginnt, zwischendurch mehrmals rühren.

4. Die restliche Sahne steif schlagen und mit einem Schneebesen unter die kalte, leicht gelierte Creme rühren. Mit Klarsichtfolie abdecken und 1 Stunde in den Kühlschrank stellen, bis die Creme fest ist. Dann in einen Spritzbeutel mit sehr kleiner Lochtülle füllen. Die Profiteroles damit füllen und auf ein Kuchengitter legen.

5. Glasur in der Flasche in heißem Wasser 10 Minuten erwärmen. Die Profiteroles damit dünn überziehen und fest werden lassen. Profiteroles mit Puderzucker bestäuben und mit abgezupften Minzeblättern dekorieren.

Zubereitungszeit 1:20 Stunden (plus Kühlzeit)
Pro Stück (bei 35 Stück) 1 g E, 6 g F, 6 g KH = 89 kcal (374 kJ)

Gebratener Seeteufel mit dicken weißen Bohnen

Gegrillter oder gebratener Fisch, dazu ein mit Kräutern gewürztes Gemüse – italienische Küche at its best

Für 4 Portionen:
Bohnen
2 Knoblauchzehen
1 kleine Zwiebel
4 Salbeiblätter
4 Tomaten
5 El Olivenöl
1 kleines Stück Schinkenspeck (ca. 40 g)
1 Zweig Rosmarin
200 ml Geflügelbrühe
1 Dose dicke weiße Bohnen (480 g EW)
Salz, Pfeffer
Seeteufel
8 Seeteufelkoteletts (à 100 g)
Salz, Pfeffer
5 El Olivenöl
2 Knoblauchzehen
2 Stiele Thymian
30 g Butter

1. Für die Bohnen Knoblauch und Zwiebeln in feine Würfel schneiden. Salbei fein hacken. Tomaten überbrühen, abschrecken, häuten, vierteln, entkernen und in grobe Stücke schneiden.

2. Olivenöl in einer Pfanne erhitzen und Schinkenspeck, Zwiebeln und Knoblauch darin bei mittlerer Hitze 2–3 Minuten andünsten. Salbei, Rosmarin, Brühe und Bohnen zugeben. Bei milder Hitze 5 Minuten kochen. Mit Salz und Pfeffer würzen. Tomaten zugeben und warm stellen.

3. Die Seeteufelkoteletts mit Salz und Pfeffer würzen. Olivenöl in einer ofenfesten Pfanne erhitzen und den Seeteufel darin bei mittlerer Hitze kurz von jeder Seite anbraten. Angedrückten Knoblauch und Thymian zugeben. Im vorgeheizten Ofen auf der mittleren Schiene bei 170 Grad (Gas 1–2, Umluft 150 Grad) 5–6 Minuten garen. Dann die Butter zugeben und die Seeteufelkoteletts nochmals wenden. Mit dem Bohnengemüse servieren.

Zubereitungszeit 50 Minuten
Pro Portion 36 g E, 38 g F, 10 g KH = 517 kcal (2168 kJ)

ITALIEN

ITALIEN

Spaghetti alle cozze

Schlicht und einfach großartig im Geschmack: cozze, Miesmuscheln, werden kurz in einem Tomatensugo gegart und mit den Nudeln gemischt

Für 4 Portionen:
1 kg Miesmuscheln
150 g Staudensellerie
1 kg Tomaten
3 Knoblauchzehen
8 El Olivenöl
3 El Cognac
150 ml Weißwein
1 Lorbeerblatt
2 Stiele Thymian
Salz, Pfeffer
500 g Spaghetti
2 El glatte Petersilie (gehackt)

1. Muscheln unter fließendem kaltem Wasser waschen, die Bärte entfernen und die Muscheln mit einer Wurzelbürste säubern. Offene und beschädigte Muscheln entfernen. Sellerie schälen und in ½ cm große Würfel schneiden. Tomaten überbrühen, abschrecken, häuten, vierteln und entkernen. Knoblauch fein würfeln.

2. In einem großen flachen Topf Sellerie und Knoblauch in heißem Öl 2–3 Minuten dünsten. Mit Cognac ablöschen. Tomaten, Wein, Lorbeer und Thymian zugeben. Mit Salz und Pfeffer würzen. Muscheln zugeben und zugedeckt 10 Minuten bei mittlerer Hitze garen. Geschlossene Muscheln entfernen.

3. In der Zwischenzeit die Spaghetti in reichlich kochendem Salzwasser bissfest garen, in einem Sieb gut abtropfen lassen und in eine vorgewärmte Schüssel geben. Muschelsugo darüber gießen und mit Petersilie bestreuen.

Zubereitungszeit 50 Minuten
Pro Portion 23 g E, 24 g F, 94 g KH = 704 kcal (2960 kJ)

Seeteufelroulade mit Nudel-Tomaten-Salat

Lafersche Kochkunst: ein Kunstwerk aus Fisch, Gemüse und Nudeln

Für 4 Portionen:
Seeteufelroulade
1 rote Paprikaschote (200 g)
1 gelbe Paprikaschote (200 g)
1 große Zucchini (350 g)
1 große Aubergine (350 g)
3 Knoblauchzehen
10 El Olivenöl
Salz, Pfeffer
300 g Seeteufelfilet
(küchenfertig, ca. 25 cm lang)
Salat
4 Tomaten
200 g Nudeln
(z. B. Gnocchetti sardi)
Salz
30 Basilikumblätter
2 Knoblauchzehen
70 g Schalotten
6 El Olivenöl
5 El Aceto balsamico bianco
Chilipulver

1. Paprika halbieren, entkernen und mit der Hautseite nach oben auf ein Backblech legen. Im vorgeheizten Ofen auf der mittleren Schiene bei 150 Grad (Gas 1–2, Umluft 130 Grad) 30 Minuten garen. Dann die Haut abziehen.

2. Zucchini und Aubergine putzen und längs in ca. zehn 3 mm dicke Scheiben schneiden. Knoblauch in feine Würfel schneiden. 8 El Olivenöl in einer Pfanne erhitzen und die Zucchini- und Auberginenscheiben portionsweise darin mit dem Knoblauch von beiden Seiten anbraten. Mit Salz und Pfeffer würzen. Auf einen großen Teller legen.

3. 1 Schicht Zucchinischeiben nebeneinander und leicht überlappend auf einem Stück Alufolie (45 x 30 cm) zu einem Rechteck (ca. 25 x 20 cm) auslegen. Erst die Auberginenscheiben, dann die Paprika darauf legen. Seeteufel salzen und pfeffern und auf das lange Ende des Gemüserechteckes legen. Mit Hilfe der Folie fest zu einer Roulade aufrollen und gut (wie ein Bonbon) verschließen. 1 Stunde in den Kühlschrank legen.

4. Für den Salat die Tomaten überbrühen, abschrecken, häuten, vierteln und entkernen. Nudeln in kochendem Salzwasser bissfest garen, in einem Sieb gut abtropfen lassen und in eine Schüssel geben.

5. 15 Basilikumblätter in feine Streifen schneiden. Knoblauch und Schalotten fein würfeln und im heißen Olivenöl andünsten. Mit Essig ablöschen und mit Basilikum und Tomaten unter die Nudeln mischen. Mit Salz und Chilipulver abschmecken.

6. Die Roulade in der Folie mit dem elektrischen Messer in 4 gleich große Stücke (ca. 5 cm) schneiden. Restliches Olivenöl erhitzen und die Rouladenstücke darin auf beiden Schnittflächen kurz anbraten. Im vorgeheizten Ofen auf der mittleren Schiene bei 160 Grad (Gas 1–2, Umluft 140 Grad) 5–6 Minuten garen. Folie entfernen und die Rouladen mit dem Nudel-Tomaten-Salat anrichten. Mit restlichen Basilikumblättern garnieren.

Zubereitungszeit 1:40 Stunden (plus Kühlzeit)
Pro Portion 20 g E, 43 g F, 46 g KH = 650 kcal (2724 kJ)

ITALIEN

ITALIEN

Meeresfrüchtesalat mit Gemüse

Mit knusprigem Brot und einem Glas Weißwein auf den Tisch gebracht: Das ist Sommergenuss pur!

Für 4 Portionen:
150 g kleine fest kochende Kartoffeln
Salz
1 rote Paprikaschote (200 g)
300 g kleine Tintenfische (geputzt, küchenfertig)
120 ml Weißwein
2 rote Zwiebeln
300 g Riesengarnelen (gekocht)
300 g Muschelfleisch (gekocht)
3 El Zitronensaft
2 El Aceto balsamico bianco
1 Knoblauchzehe
1 Tl Dijon-Senf
Pfeffer
Zucker
6 El Olivenöl
3 Stiele Basilikum
2 El glatte Petersilie (grob gehackt)

1. Kartoffeln schälen und in kochendem Salzwasser 20 Minuten garen. Abgießen, ausdämpfen und abkühlen lassen.

2. Paprika vierteln, entkernen und mit der Hautseite nach oben auf ein Backblech legen. Im vorgeheizten Ofen auf der mittleren Schiene bei 150 Grad (Gas 1–2, Umluft 13 Grad) 30 Minuten garen. Dann die Haut abziehen und die Paprika schräg in ½ cm breite Streifen schneiden.

3. Tintenfische unter fließend kaltem Wasser gründlich waschen, dabei Kopf und Arme aus dem Körper ziehen und den Chitinstab sowie die Tintenblase entfernen. Die Köpfe von den Armen abschneiden und wegwerfen. Tuben in 1–2 cm breite Ringe schneiden. Wein aufkochen, Tintenfischringe darin 2–3 Minuten zugedeckt gar ziehen lassen. In einer Schüssel abkühlen lassen.

4. Zwiebeln halbieren und in dünne Spalten schneiden. Zwiebeln mit Kartoffeln, Paprika, Riesengarnelen und Muscheln zu den Tintenfischringen geben und alles vorsichtig mischen.

5. Für die Vinaigrette Zitronensaft, Essig, fein gehackten Knoblauch, Senf, Salz, Pfeffer und etwas Zucker verrühren. Das Olivenöl unterrühren und über den Salat gießen. Basilikumblätter abzupfen und mit der Petersilie zugeben. Alles vorsichtig mischen. Dazu passt Ciabatta.

Zubereitungszeit 1 Stunde
Pro Portion 36 g E, 18 g F, 15 g KH = 374 kcal (1567 kJ)

Orangen-Joghurt-Schaum mit Krokanthippen

Ein bisschen herb, ein bisschen süß: ein Dessert der Extraklasse

Für 6 Portionen:
Orangen-Joghurt-Schaum
6 Blatt weiße Gelatine
350 ml Orangensaft (frisch gepresst)
50 g Zucker
5 El Orangenlikör
100 g Vollmilchjoghurt
100 ml Schlagsahne
Krokanthippen
60 g Zucker
1 ½ El Orangensaft
30 g Butter
2 El Mehl
20 g Pistazien (gehackt)
Orangen-Ragout
4 El bittere Orangenmarmelade
4 Orangen
4 Tl Pistazien (gehackt)
2 Stiele Minze

1. Für den Orangen-Joghurt-Schaum die Gelatine in kaltem Wasser einweichen. 5 El Orangensaft mit Zucker leicht erwärmen. Gelatine gut ausdrücken, zugeben und darin auflösen. Restlichen Orangensaft mit Orangenlikör in eine Schüssel gießen und auf Eis stellen. Nach und nach den erwärmten Orangensaft zugeben und mit dem Schneidstab 5–8 Minuten mixen, bis die Flüssigkeit leicht zu gelieren beginnt und schaumig ist.

2. Joghurt mit dem Schneebesen unter die Masse rühren. Sahne steif schlagen und mit einem Gummispatel vorsichtig unterheben. In eine mit Klarsichtfolie ausgelegte Terrinenform (600 ml Inhalt) füllen. Mit Klarsichtfolie abdecken und mindestens 4 Stunden in den Kühlschrank stellen, bis der Schaum fest ist.

3. In der Zwischenzeit für die Hippen Zucker, Orangensaft und Butter in einem kleinen Topf bei mittlerer Hitze in 6–8 Minuten sirupartig einkochen. Dann Mehl und Pistazien mit dem Schneebesen schnell unterrühren.

4. Jeweils 6 El Hippenmasse im Abstand von 5 cm auf ein mit Backpapier ausgelegtes Backblech geben. Im vorgeheizten Backofen auf der untersten Schiene bei 200 Grad (Gas 3, Umluft 180 Grad) in 4–6 Minuten goldbraun backen. Abkühlen lassen.

5. Orangenmarmelade erwärmen. Die Orangen bis auf das Fruchtfleisch schälen, die Filets zwischen den Trennhäuten herausschneiden und in die Marmelade geben. Vom Herd nehmen.

6. Orangen-Joghurt-Schaum aus der Form lösen, die Folie entfernen und den Schaum in zwölf 3 cm breite Stücke schneiden. Jeweils 2 Stücke auf Tellern anrichten. Hippenblätter halbieren und in den Schaum stecken. Orangenfilets um die Schaumstücke legen. Mit Pistazien und Minzeblättern garnieren.

Zubereitungszeit 1 Stunde (plus Kühlzeit)
Pro Portion 5 g E, 13 g F, 47 g KH = 342 kcal (1433 kJ)

ITALIEN

Lachs-Cannelloni mit Tomatensugo

Lafers Hommage an Italien: roter Sugo, grüne Pasta, weißer Käse

Für 4 Portionen:
Nudelteig
150 g Spinat
1 Ei (Kl. M)
Salz
1 El Olivenöl
125 g Mehl
Tomatensugo
70 g Schalotten
2 Knoblauchzehen
1 kg Tomaten
3 El Olivenöl
1 El Tomatenmark
200 ml Gemüsebrühe
Salz, Pfeffer
Chilipulver
Füllung
500 g Lachsfilet
(ohne Haut und Gräten)
Salz, Pfeffer
3 El Zitronensaft
Zabaione
3 Eigelb (Kl. M)
50 ml Weißwein
80 g weiche Butter
Salz
Chilipulver
50 g Parmesan (frisch gerieben)

1. Für den Nudelteig den Spinat putzen und mit 300 ml Wasser fein pürieren. Das Püree durch ein feines Sieb in einen kleinen Topf streichen und auf 60–65 Grad erhitzen (nicht kochen!), bis sich das Blattgrün (Chlorophyll) an der Oberfläche absetzt. Dann durch ein feines Teesieb gießen. Das abgeseihte Blattgrün mit Ei, etwas Salz und Olivenöl zum Mehl geben und zu einem glatten Teig kneten. Zu einer Kugel formen, in Folie wickeln und 1 Stunde kalt stellen.

2. In der Zwischenzeit für den Sugo Schalotten und Knoblauch fein würfeln. Tomaten überbrühen, abschrecken, häuten, vierteln, entkernen und in grobe Stücke schneiden. Olivenöl erhitzen, Zwiebeln und Knoblauch darin glasig dünsten. Tomatenmark zugeben und kurz anrösten. Mit Brühe ablöschen, Tomaten zugeben und bei mittlerer Hitze 15 Minuten kochen. Mit Salz, Pfeffer und Chili abschmecken. Warm stellen.

3. Nudelteig halbieren und die Teigstücke nacheinander durch die glatte Walze der Nudelmaschine von Stufe 1–7 drehen. Teigplatten in 8 rechteckige Stücke (18 x 10 cm) schneiden. In reichlich kochendem Salzwasser 1–2 Minuten garen und in eiskaltem Wasser abschrecken. Auf einem Küchentuch abtropfen lassen.

4. Für die Füllung den Lachs in 8 ca. 2 cm breite Stücke schneiden. Mit Salz, Pfeffer und Zitronensaft würzen. Jeweils 1 Lachsstück in 1 Nudelblatt wickeln.

5. Tomatensugo in eine Auflaufform (38 x 22 cm) geben. Lachs-Cannelloni darauf setzen und beiseite stellen.

6. Für die Zabaione Eigelb und Weißwein in einem Schlagkessel über dem heißen Wasserbad in 5 Minuten cremig-dicklich aufschlagen. Vom Wasserbad nehmen und nach und nach die Butter unterrühren. Mit Salz und Chili abschmecken. Zabaione über die Cannelloni gießen und mit Parmesan bestreuen. Im vorgeheizten Ofen auf der mittleren Schiene bei 210 Grad (Gas 3–4, Umluft 180 Grad) in 10–12 Minuten goldbraun überbacken.

Zubereitungszeit 1:50 Stunden (plus Ruhezeit)
Pro Portion 38 g E, 47 g F, 32 g KH = 707 kcal (2964 kJ)

Marokko

Das nordafrikanische Nationalgericht Couscous und ein raffiniert gewürzter süßer Reis: Diese Klassiker des Landes werden von Johann Lafer ganz neu interpretiert

Unter der sengenden Sonne Nordafrikas spenden Palmen den ersehnten Schatten

Couscous-Salat mit Roastbeef

Couscous à la Lafer: als frischer Salat mit feinem Rindfleisch

Für 4 Portionen:
Roastbeef
500 g Roastbeef
3 El Olivenöl
Salz, Pfeffer
2 Zweige Rosmarin
2 Stiele Thymian
3 Knoblauchzehen
Salat
je 1 kleine rote, grüne und gelbe Paprikaschote (à 120 g)
1 walnussgroßes Stück frische Ingwerwurzel (ca. 30 g)
70 g Schalotten
1 Knoblauchzehe
Salz
200 g Couscous (Instant)
8 El Olivenöl
5 El Aceto balsamico bianco
100 ml Geflügelfond
3 El Pinienkerne (geröstet)
2 El frische Minze (gehackt)
Pfeffer, Chili (gemahlen)
½ Tl Zimt (gemahlen)
Olivenöl zum Beträufeln
1 Stiel Minze

1. Das Roastbeef rundherum im heißen Olivenöl scharf anbraten und dabei mit Salz und Pfeffer würzen. Kräuter und angedrückten Knoblauch zugeben und im vorgeheizten Backofen auf der mittleren Schiene bei 130 Grad (Gas 1, Umluft 100 Grad) 1 Stunde garen. Dann aus dem Ofen nehmen und abkühlen lassen.

2. Für den Salat die Paprika vierteln, entkernen, mit einem Sparschäler schälen und in ½ cm große Würfel schneiden. Ingwer schälen und mit Schalotten und Knoblauch in sehr feine Würfel schneiden.

3. 250 ml Salzwasser aufkochen, über den Couscous gießen, mischen und 5 Minuten quellen lassen. Dann mit einer Gabel auflockern.

4. 3 El Olivenöl erhitzen, Ingwer, Schalotten und Knoblauch darin andünsten. Paprika zugeben und kurz mitdünsten. Mit Essig und Fond ablöschen. Mit restlichem Olivenöl, Pinienkernen und Minze zum warmen Couscous geben und gut mischen. Mit Salz, Pfeffer, Chili und Zimt abschmecken.

5. Das ausgekühlte Roastbeef in dünne Scheiben schneiden und mit dem Couscous-Salat anrichten. Roastbeef mit Salz und Pfeffer würzen, mit Olivenöl beträufeln und mit abgezupften Minzeblättern garnieren.

Zubereitungszeit 1:30 Stunden
Pro Portion 38 g E, 43 g F, 40 g KH = 696 kcal (2928 kJ)

Milchreis mit Orangenkaramell

Süßes Hauptgericht oder feines Dessert – verführerisch gewürzt mit den Aromen von Orange und Mandel

Für 4 Portionen:
6 Kardamomkapseln
120 g Milchreis
600 ml Milch
Mark von 1 Vanilleschote
1 Fl. Bittermandelaroma
3 El Orangenblütenwasser (Apotheke)
100 g Zucker
6 Blatt weiße Gelatine
40 g Pistazien
50 g Orangeat (gewürfelt)
100 ml Schlagsahne
4 Orangen (à 150 g, unbehandelt)
1 Granatapfel
20 g kandierte Veilchenblätter

1. Kardamomsamen aus den Kapseln lösen und im Mörser fein zerstoßen. Reis mit Milch, Kardamom, Vanillemark, 5–8 Tropfen Mandelaroma, Orangenblütenwasser und 50 g Zucker aufkochen. Zugedeckt bei milder Hitze 20–25 Minuten kochen.

2. Gelatine in kaltem Wasser einweichen. Dann ausdrücken und im warmen Milchreis auflösen. 1–1 ½ Stunden kalt stellen, bis der Reis fest zu werden beginnt.

3. Die Pistazien grob hacken. Je ½ El Pistazien und Orangeat für die Dekoration beiseite stellen. Sahne steif schlagen und mit restlichen Pistazien und restlichem Orangeat unter den leicht fest gewordenen Milchreis heben. Eine Schüssel (800 ml Inhalt) oder 4 kleine Schalen (à 200 ml Inhalt) mit kaltem Wasser ausspülen. Milchreis einfüllen, glatt streichen und mindestens 6 Stunden abgedeckt in den Kühlschrank stellen.

4. Für den Orangenkaramell die Schale von 1 Orange mit dem Juliennereißer abziehen. Alle Orangen auspressen (ca. 300 ml). Restlichen Zucker goldbraun karamellisieren, mit Orangensaft auffüllen und die Orangenschale zugeben. Sirupartig auf ⅓ einkochen lassen.

5. Granatapfel halbieren und die Kerne zwischen den Häutchen herauslösen. Die Schüssel mit dem Milchreis kurz in heißes Wasser stellen. Reis am Rand mit einem Messer lösen und auf einen großen flachen Teller stürzen.

6. Reis mit etwas Orangenkaramell beträufeln und mit Veilchenblättern, Granatapfelkernen, Orangeat und Pistazien dekorieren.

Zubereitungszeit 45 Minuten (plus Kühlzeiten)
Pro Portion 13 g E, 18 g F, 80 g KH = 545 kcal (2284 kJ)

Couscous mit Geflügel und Gemüse

Eines der populärsten Gerichte der nordafrikanischen Küche

Für 4 Portionen:
100 g getrocknete Kichererbsen
100 g getrocknete schwarze Bohnen
1 Poularde (ca. 1,7 kg)
250 g Couscous
Salz
5 El Olivenöl
1 große Zwiebel (200 g)
300 g Möhren
1 kleine Stange Porree
1 grüne Paprikaschote (200 g)
2 rote Pfefferschoten
Pfeffer
1 Kapsel Safranfäden
500 ml Geflügelbrühe
150 g Kirschtomaten
2 El glatte Petersilie (fein gehackt)
20 g weiche Butter
1–2 Tl Chiliöl

1. Kichererbsen und Bohnen 12 Stunden in kaltem Wasser einweichen. Kichererbsen und Bohnen abgießen und mit reichlich frischem Wasser 1 Stunde bei mittlerer Hitze kochen. Dann in einem Sieb gut abtropfen lassen und abgedeckt beiseite stellen.

2. Poularde in möglichst viele Teile zerlegen. Couscous in eine große Schüssel geben und mit ca. 250 ml lauwarmem Salzwasser mischen. Mit 1 El Olivenöl beträufeln und 20 Minuten ausquellen lassen.

3. Inzwischen die Zwiebel pellen und in 1–2 cm große Stücke schneiden. Möhren schälen und in 2–3 cm große Stücke schneiden. Porree putzen, waschen und nur das Hellgrüne und Weiße in 2–3 cm große Stücke schneiden. Paprika halbieren, entkernen und in 3–4 cm große Stücke schneiden. Pfefferschoten längs halbieren, entkernen und in ½ cm große Stücke schneiden.

4. In einem großen Topf mit Dämpfeinsatz das restliche Olivenöl erhitzen und das Fleisch darin rundherum goldbraun anbraten. Mit Salz und Pfeffer würzen. Zwiebelstücke zugeben und kurz andünsten. Safran zugeben, Geflügelbrühe zugießen und zum Kochen bringen.

5. Den gequollenen Couscous in den Dämpfeinsatz geben und auf das Fleisch setzen. Zugedeckt bei mittlerer Hitze 30 Minuten garen. Dann den Dämpfeinsatz aus dem Topf heben und Kichererbsen, Bohnen, Möhren und Pfefferschoten zum Fleisch geben. Einsatz mit dem Couscous wieder darauf setzen und alles zugedeckt bei mittlerer Hitze weitere 30 Minuten garen. Nach 20 Minuten Porree und Paprika zu Gemüse und Fleisch geben.

6. Kurz vor dem Servieren Kirschtomaten und Petersilie zum Fleisch geben. Butter und Chiliöl mit einer Gabel unter den Couscous mischen, dabei den Couscous auflockern. Auf vorgewärmte tiefe Teller verteilen und in die Mitte eine Mulde drücken. Fleisch und Gemüse in die Mulde geben.

Zubereitungszeit 1:30 Stunden (plus Einweichzeit)
Pro Portion 78 g E, 43 g F, 71 g KH = 1025 kcal (4300 kJ)

MAROKKO

MAROKKO

Orangen-Reis-Auflauf mit Granatapfelsauce

Den schlichten Milchreis adelt Johann Lafer mit einem wunderbaren Ragout aus Orangenfilets, Orangenmarmelade und Orangenlikör

Für 4 Portionen:

Auflauf
500 ml Milch
Mark von 1 Vanilleschote
100 g Zucker
130 g Milchreis
5 Orangen
2 El bittere Orangenmarmelade
2 El Honig
3 El Orangenlikör
3 Eier (Kl. M)
2 El Speisestärke
Salz
Butter für die Form
Puderzucker zum Bestäuben

Granatapfelsauce
2 Granatäpfel
40 g Zucker
50 ml Grenadine
120 ml Orangensaft
4 El Zitronensaft

1. Für den Auflauf Milch, Vanillemark und 40 g Zucker kurz aufkochen. Reis zugeben und bei milder Hitze 20–25 Minuten kochen, dabei öfter umrühren. Dann den Topf vom Herd nehmen und den Reis abkühlen lassen.

2. Orangen bis auf das Fruchtfleisch schälen und die Filets zwischen den Trennhäuten herausschneiden. Marmelade, Honig und Orangenlikör erwärmen, die Orangenfilets zugeben und vorsichtig unterheben. Beiseite stellen.

3. Eier trennen. Eigelb und 30 g Zucker mit den Quirlen des Handrührers schaumig schlagen. Speisestärke unterrühren und unter den abgekühlten Milchreis ziehen. Eiweiß mit 1 Prise Salz leicht anschlagen. Dann nach und nach den restlichen Zucker einrieseln lassen und steif schlagen. Eischnee vorsichtig mit einem Gummispatel unter die Reismasse heben.

4. Eine Auflaufform dünn mit Butter einpinseln. Die Hälfte der Reismasse hineingeben und glatt streichen. Orangen-Ragout gleichmäßig darauf verteilen. Restliche Reismasse auf die Orangen geben und glatt streichen. Im vorgeheizten Backofen auf der mittleren Schiene bei 190 Grad (Gas 2–3, Umluft 170 Grad) 20–25 Minuten backen.

5. In der Zwischenzeit für die Granatapfelsauce die Granatäpfel halbieren und die Kerne aus den Häutchen lösen. Zucker goldbraun karamellisieren und mit Grenadine ablöschen. Mit Orangen- und Zitronensaft auffüllen, Granatapfelkerne zugeben und bei milder Hitze 8–10 Minuten kochen. Dann durch ein feines Sieb streichen.

6. Auflauf aus dem Ofen nehmen und mit Puderzucker bestäuben. Mit Granatapfelsauce servieren.

Zubereitungszeit 1 Stunde (plus Kühlzeit)
Pro Portion 14 g E, 12 g F, 126 g KH = 696 kcal (2918 kJ)

Türkei

Lamm, Gemüse, Käse, Kräuter und Honig – traditionelle Zutaten der türkischen Küche werden von Johann Lafer in Delikatessen der Extraklasse verwandelt

Im Süden der Türkei: die „türkische Riviera" mit dem Seebad Antalya

Gefüllte Teigtaschen

Mit fertigem Filoteig sind diese türkischen „Nationalhäppchen" schnell zubereitet. Sie bekommen ihn in türkischen Lebensmittelläden und in gut sortierten Supermärkten

Für 24 Stück:
2 Schalotten (70 g)
1 Knoblauchzehe
200 g Lammhack
2 Eier (Kl. M)
2 El glatte Petersilie (fein gehackt)
200 g Feta-Käse
Salz, Pfeffer
8 Filoteigblätter (à 30 x 50 cm)
7 El Olivenöl

1. Schalotten und Knoblauch in feine Würfel schneiden. Lammhack mit Schalotten, Knoblauch, Eiern und Petersilie verkneten. Feta-Käse mit den Fingern zerbröseln und unter die Hackmasse kneten. Mit Salz und Pfeffer abschmecken.

2. 4 Filoteigblätter übereinander legen, dabei jedes Blatt dünn mit Olivenöl bestreichen. Dann längs in 6 Streifen von 5 cm Breite schneiden. Streifen nochmals quer halbieren. Mit den restlichen Teigblättern ebenso verfahren.

3. Auf ein Ende der schmalen Seite ½ El Hackmasse geben. Eine Teigspitze über der Füllung zur langen Seite klappen. Die dreieckige Form fortführen, bis die Teigbahn zu einem Dreieck aufgerollt ist. Mit den restlichen Teigbahnen wiederholen, bis 24 Teigtaschen hergestellt sind. Auf ein mit Backpapier belegtes Backblech legen. Teigoberfläche dünn mit dem restlichen Olivenöl einpinseln. Im vorgeheizten Ofen auf der mittleren Schiene bei 180 Grad (Gas 2–3, Umluft 160 Grad) in 15–20 Minuten goldbraun backen.

4. Teigtaschen aus dem Ofen nehmen und auf Küchenpapier abtropfen lassen. Heiß oder kalt servieren.

Zubereitungszeit 1 Stunde
Pro Stück 4 g E, 6 g F, 3 g KH = 86 kcal (360 kJ)

TÜRKEI

Baklava

Die süßen Nuss-Honig-Schnitten sind in der ganzen Türkei sehr beliebt. Zu hohen Feiertagen werden sie manchmal noch selbst gemacht

Für 20 Stück:
- 2 unbehandelte Zitronen
- 550 g Zucker
- 100 g Honig
- 100 g Pistazien (gehackt)
- 150 g Walnüsse (gehackt)
- 150 g Mandeln (gehackt)
- 2 Tl Zimt (gemahlen)
- 180 g Butter
- 10 Filoteigblätter
(à 30 x 50 cm)

1. Von 1 Zitrone die Schale dünn (ohne weiße Innenhaut) abschneiden. Beide Zitronen auspressen (ca. 70 ml). 300 ml Wasser mit Zitronenschale und 500 g Zucker bei mittlerer Hitze 15–20 Minuten kochen. Dann Honig und Zitronensaft zugeben und weitere 5 Minuten kochen. Abkühlen lassen und durch ein feines Sieb in eine Schüssel gießen.

2. Pistazien, Walnüsse, Mandeln und Zimt mit dem restlichen Zucker mischen. Butter zerlassen und beiseite stellen. Eine eckige Auflaufform (25 x 30 cm) mit etwas zerlassener Butter auspinseln. 5 Filoteigblätter nacheinander mit Butter bestreichen und übereinander legen. Dann auf Formgröße halbieren. Mit den restlichen Filoteigblättern ebenso verfahren.

3. 2 Filoteig-Rechtecke in die Form legen. Die Hälfte der Nussmischung gleichmäßig darauf verteilen. 1 Filoteig-Rechteck auf die Nussmischung legen, restliche Mischung darauf gleichmäßig verteilen. Das restliche Rechteck auf die Nussmischung legen und leicht andrücken. Mit einem scharfen Küchenmesser in 20 gleich große Stücke schneiden. Restliche Butter gleichmäßig auf die Oberfläche streichen. Im vorgeheizten Backofen auf der mittleren Schiene bei 160 Grad (Gas 1–2, Umluft 140 Grad) 1 Stunde backen.

4. Den heißen Kuchen sofort noch einmal in exakte Stücke schneiden und gleichmäßig mit dem kalten Sirup begießen. 4 Stunden abkühlen und durchziehen lassen.

Zubereitungszeit 1:30 Stunden (plus Kühlzeit)
Pro Stück 4 g E, 19 g F, 35 g KH = 326 kcal (1367 kJ)

Lammfilet im Teigmantel mit Spinatsalat

Statt Lammhack packt Johann Lafer feinstes Lammfilet in den Filoteig. Mit dem frischen Salat ein angenehmes Sommergericht

Für 4 Portionen:
Lammfilet
40 g getrocknete Tomaten (in Öl)
200 g Lammfleisch (aus der Keule)
120 ml eiskalte Schlagsahne
Salz, Pfeffer
1 El Rosmarin (fein gehackt)
4 Filoteigblätter (à 30 x 50 cm)
60 g flüssige Butter
4 Lammfilets (à 50 g, küchenfertig)
Salat
100 g Spinat
150 g Vollmilchjoghurt
3 El Milch
fein abgeriebene Schale und Saft von ½ Zitrone (unbehandelt)
1 El Honig
4 Stiele Minze
Salz, Pfeffer

1. Tomaten gut abtropfen lassen und in feine Würfel schneiden. Lammfleisch in kleine Würfel schneiden und 30 Minuten in das Gefrierfach legen, bis es leicht angefroren ist. Dann mit Sahne, etwas Salz und Pfeffer in der Küchenmaschine zu einer cremig-glatten Farce mixen. Tomaten und Rosmarin untermischen.

2. Je 2 Filoteigblätter gleichmäßig mit Butter bestreichen und übereinander legen. In 4 gleich große Rechtecke (à 15 x 25 cm) schneiden. Die Hälfte der Farce auf die Mitte der 4 Teigblätter streichen. Darauf je 1 mit Salz und Pfeffer gewürztes Lammfilet legen und mit der restlichen Farce bestreichen. Teigblätter aufrollen und die Enden wie ein Bonbon fest zusammendrehen. Rollen auf ein mit Backpapier belegtes Backblech legen und mit der restlichen Butter dünn einpinseln. Im vorgeheizten Ofen auf der mittleren Schiene bei 220 Grad (Gas 3–4, Umluft 200 Grad) in 12–15 Minuten goldbraun backen.

3. Für den Salat den Spinat putzen, waschen und trockenschleudern. Für das Dressing Joghurt mit Milch, Zitronensaft und -schale und Honig verrühren. Von der Minze die Blätter abzupfen, in feine Streifen schneiden und unterheben. Mit Salz und Pfeffer abschmecken. Spinat und Teigrollen auf einem Teller anrichten. Dressing über den Spinat träufeln.

Zubereitungszeit 40 Minuten (plus Kühlzeit)
Pro Portion 25 g E, 31 g F, 17 g KH = 443 kcal (1855 kJ)

TÜRKEI

Hackfleisch-Spinat-Tarte

Köfte, die in unzähligen Varianten existierenden Hackfleischbällchen, haben Johann Lafer zu diesem würzigen Gebäck inspiriert

Für 4 Portionen:
Boden
250 g Mehl
120 g weiche Butter
120 g Frischkäse
1 Ei (Kl. M)
Salz
Füllung
250 g Spinat
150 g Zwiebeln
2 Knoblauchzehen
3 El Öl
500 g Rinderhackfleisch
Salz, Pfeffer
Muskatnuss
1 Tl Pulbiber (getrocknete, grob geschrotete Paprika- und Chilischoten)
Mehl und Butter für die Form und zum Bearbeiten
100 ml Schlagsahne
80 ml Milch
3 Eier (Kl. M)
200 g Gorgonzola

1. Für den Boden Mehl, Butter, Frischkäse, Ei und etwas Salz mit den Knethaken des Handrührers zu einem glatten, geschmeidigen Teig kneten. In Klarsichtfolie wickeln und 1 Stunde in den Kühlschrank legen.

2. Für die Füllung den Spinat putzen, waschen und trockenschleudern. Zwiebeln und Knoblauch fein würfeln.

3. Öl in einer beschichteten Pfanne erhitzen. Das Hackfleisch darin bei mittlerer Hitze hellbraun anbraten. Dann Zwiebeln und Knoblauch zugeben und kurz mitbraten. Spinat zugeben und zusammenfallen lassen. Mit Salz, Pfeffer, Muskat und Pulbiber würzen. Abkühlen lassen.

4. Den Teig auf einer bemehlten Arbeitsfläche 4–5 mm dick ausrollen. Eine ausgebutterte und mit Mehl bestäubte Pizzaform (27 cm Ø) damit auslegen. Teig mehrmals mit einer Gabel einstechen. Hackfleisch-Spinat-Mischung gleichmäßig auf dem Boden verteilen.

5. Sahne, Milch und Eier verquirlen, mit Salz, Pfeffer und Muskat würzen. Über die Hack-Spinat-Füllung gießen. Vom Gorgonzola die Rinde abschneiden und den Käse in ca. ½ cm dicke Scheiben schneiden. Käse auf der Füllung verteilen. Im vorgeheizten Backofen auf dem Boden bei 200 Grad (Gas 3, Umluft 180 Grad) 30–35 Minuten backen. Warm oder kalt servieren.

Zubereitungszeit 1:20 Stunden (plus Kühlzeit)
Pro Portion 55 g E, 92 g F, 56 g KH = 1234 kcal (5333 kJ)

Pistazien-Pfannkuchen-Torte mit Mokkasauce

Dieses süße Meisterwerk à la Lafer können Sie als Dessert oder zum Kaffee servieren

Für 4 Portionen:

Mohn-Mousse
1 El Mohn
150 g weiße Schokolade
1 ½ Blatt weiße Gelatine
1 Ei (Kl. M)
1 Eigelb (Kl. M)
250 ml Schlagsahne

Pistazien-Pfannkuchen
200 ml Milch
2 Eier (Kl. M)
30 g Zucker
50 g Pistazien (fein gemahlen)
100 g Mehl
20 g flüssige Butter
30 g bittere Orangenmarmelade
2 El Pistazien (fein gehackt)

Mokkasauce
100 ml Mokka
30 g Zucker
2 El Rum
1–2 Tl Speisestärke
60 g Nussnougat

1. Für die Mohn-Mousse den Mohn im Blitzhacker fein mahlen. Schokolade über dem warmen Wasserbad schmelzen. Gelatine in kaltem Wasser einweichen.

2. Ei und Eigelb über dem heißen Wasserbad cremig-dicklich aufschlagen. Gelatine gut ausdrücken und darin auflösen. Mohn und flüssige Schokolade zugeben und unterrühren. Im Kühlschrank abkühlen lassen, bis die Masse leicht zu gelieren beginnt.

3. Sahne steif schlagen und vorsichtig mit einem Gummispatel unter die Ei-Mohnmasse heben. Kalt stellen.

4. Inzwischen für die Pfannkuchen Milch, Eier, Zucker, Pistazien, Mehl und Butter mit dem Schneidstab verquirlen. 30 Minuten ruhen lassen. In einer beschichteten Pfanne (20 cm Ø) 5 dünne Pfannkuchen backen. Ganz auskühlen lassen.

5. Einen Pfannkuchen in eine Springform (20 cm Ø) legen. Darauf 4 El Mohn-Mousse gleichmäßig verstreichen. Mit 1 weiteren Pfannkuchen abdecken. So fortfahren, bis Mousse und Pfannkuchen verbraucht sind, die letzte Schicht soll ein Pfannkuchen sein. Mit Klarsichtfolie abdecken und 3–4 Stunden in den Kühlschrank stellen.

6. Für die Mokkasauce Mokka mit Zucker aufkochen. Rum mit Speisestärke verrühren, unter ständigem Rühren zugießen und die Sauce damit binden. Nougat zugeben und darin auflösen. Abkühlen lassen.

7. Orangenmarmelade erwärmen und gleichmäßig auf die Pfannkuchentorte streichen. Mit Pistazien bestreuen und nochmals 30 Minuten kalt stellen. Torte aus der Form lösen, in kleine Stücke schneiden und mit der Mokkasauce servieren.

Zubereitungszeit 1 Stunde (plus Kühlzeiten)
Pro Portion 21 g E, 57 g F, 76 g KH = 907 kcal (3802 kJ)

TÜRKEI

151

Köfte mit Gurken-Melonen-Salat

Die würzigen Hackfleischbällchen sind auch mit Spinat ein köstlicher Imbiss

Für 4 Portionen:
Köfte
2 Knoblauchzehen
100 g Zwiebeln
2 El Semmelbrösel
1 Ei (Kl. M)
500 g Rinderhackfleisch
Kreuzkümmel (gemahlen)
2 Tl Pulbiber (getrocknete, grob geschrotete Paprika- und Chilischoten)
Salz, Pfeffer
4 El Olivenöl
Salat
1 Salatgurke
1 kg Wassermelone
2 El Minze (gehackt)
300 g Vollmilchjoghurt
4 El Zitronensaft
2 El Olivenöl
2 El Walnüsse (fein gehackt)
Salz, Pfeffer
2 Stiele Minze für die Dekoration

1. Für die Köfte Knoblauch und Zwiebeln fein würfeln. Mit Semmelbröseln und Ei zum Hackfleisch geben. Gut vermengen und mit Kreuzkümmel, 1 Tl Pulbiber, Salz und Pfeffer abschmecken.

2. Aus der Hackmasse mit nassen Händen 20 gleich große Bällchen formen. In einer beschichteten Pfanne das Olivenöl erhitzen und die Fleischbällchen darin bei mittlerer Hitze in 8–10 Minuten rundherum braun braten.

3. Für den Salat die Gurke schälen, längs halbieren, entkernen und in 1–2 cm große Stücke schneiden. Melone längs vierteln, Fruchtfleisch herausschneiden, in ca. 2 cm große Stücke schneiden, Kerne entfernen. Melonenstücke mit den Gurken in eine Schüssel geben. Minze zugeben und alles mischen.

4. Joghurt mit Zitronensaft, Olivenöl und Walnüssen verrühren. Mit Salz und Pfeffer abschmecken. Salat auf einer Platte anrichten, mit der Joghurtsauce begießen und die Köfte darauf anrichten. Mit dem restlichen Pulbiber bestreuen und mit abgezupften Minzeblättern dekorieren. Sofort servieren.

Zubereitungszeit 50 Minuten
Pro Portion 31 g E, 40 g F, 17 g KH = 553 kcal (2315 kJ)

Konzentriert bei der Arbeit: Johann Lafer bespricht mit seinem Team die nächste Einstellung (großes Foto oben). ZDF-Redakteurin Gaby Brauer checkt für Johann Lafer die Zeit (oben links), Bild und Licht werden auf den Monitoren überwacht (links). Über eine Panne bei der Aufzeichnung kann sich auch Johann Lafer amüsieren (Mitte links), während die beiden Kameraleute schon den nächsten Dreh im Visier haben (rechts).

Blicke ins Studio

Dreißig neue Folgen von Johann Lafers Culinarium „Rund ums Mittelmeer". Das bedeutet: dreißig Akteure vor und hinter der Kamera, rund zwanzig Drehtage im Fernsehstudio in Guldental, sechzig von Johann Lafer kreierte Gerichte. Deutschlands beliebtester Fernsehkoch präsentiert Klassiker aus acht Ländern und dazu jeweils seine ganz persönliche Variante. Vor der Kamera wird er dabei unterstützt von seiner Frau Silvia, hinter der Kamera begleiten ihn – um nur

Impressionen eines Drehtages: Johann Lafer nimmt das fertige Gericht noch einmal kritisch unter die Lupe (großes Foto oben). Während sich die Crew vom Ü-Wagen eine kleine Pause gönnt (Mitte links), werden Rezepte überarbeitet (oben links), wird Silvia Lafer von der Maskenbildnerin abgepudert (links) und macht sich »e&t«-Redakteur Jürgen Büngener seine letzten Notizen (rechts). Geschafft: Alles ist im Kasten, die Crew versammelt sich zum Abschiedsfoto und stößt mit Regisseur Dr. Manfred Wittelsberger auf die nächsten Folgen an.

IM STUDIO

einige zu nennen – Kameraleute, Beleuchter, Tontechniker und Maskenbildner und nicht zuletzt »e&t«-Redakteur Jürgen Büngener, der Lafers Kreationen für dieses Buch in Form gebracht hat. Das Ergebnis: eine rundum gelungene Kochsendung, deren Rezepte Sie in diesem Buch vereint finden. Viel Spaß beim Lesen und Nachkochen!

REGISTER

A – Z

A
Auberginenröllchen, gefüllte, mit Tomaten-Paprika-Ragout **70**

B
Baklava (Nuss-Schnitten) **145**
Balkanspieß mit Reissalat **104**
Bouillabaisse **87**
Bouillabaisse-Tellersülze **88**

C
Catalan-Törtchen mit Feigen-Sherry-Ragout **20**
Cevapcici mit Paprika-Tomaten-Salat **103**
Couscous mit Geflügel und Gemüse **136**
Couscous-Salat mit Roastbeef **132**
Crema catalana **27**

D
Dattelkuchen mit Schokoladensauce **44**
Datteln, gefüllte **51**
Dattelspieße **31**
Djuvec-Reis **107**

E
Eintopf, provenzalischer **96**

G
Garnelen-Fisch-Röllchen mit Paprikasauce **100**
Gebackene Sesam-Kartoffel-Bällchen mit Möhrensalat **43**
Gebratene Kichererbsenbällchen mit Tomaten-Petersilien-Salat **48**
Gebratener Seeteufel mit dicken weißen Bohnen **118**
Gefüllte Auberginenröllchen mit Tomaten-Paprika-Ragout **70**
Gefüllte Datteln **51**
Gefüllte Hähnchenspieße **58**
Gefüllte Teigtaschen **142**
Gefüllte Weinblätter **57**
Gefüllte Kartoffelknödel mit Dattel-Orangen-Ragout **47**
Grießflammeri mit Aprikosen in Honigsirup **61**
Grießkuchen **73**

H
Hackfleisch-Spinat-Tarte **149**
Hähnchenspieße, gefüllte **58**

K
Kabeljau-Beignets mit Bohnensalat **113**
Kaninchen, mallorquinisches **19**
Kaninchen, mariniertes, auf süß-saurem Zwiebelsalat **28**
Kartoffelknödel, gefüllte, mit Dattel-Orangen-Ragout **47**
Kichererbsenbällchen, gebratene, mit Tomaten-Petersilien-Salat **48**
Kichererbsen-Geflügel-Eintopf **40**
Köfte mit Gurken-Melonen-Salat **153**
Kräuterroulade mit Zucchini-Pappardelle **65**

REGISTER

L

Lachs-Cannelloni mit Tomatensugo **129**
Lammcarré mit Olivenkruste **83**
Lammfilet im Teigmantel mit Spinatsalat **146**
Lasagne alla bolognese **110**

M

Mallorquinisches Kaninchen **19**
Mandelkuchen **35**
Mandelschaumomeletts mit Pfirsichspalten **36**
Mangoldröllchen auf Tsatsiki-Gurken-Nudeln **62**
Mariniertes Kaninchen auf süß-saurem Zwiebelsalat **28**
Meeresfrüchtesalat mit Gemüse **125**
Miesmuschel-Ragout **114**
Milchreis mit Orangenkaramell **135**
Moussaka **54**

O

Orangen-Joghurt-Schaum mit Krokanthippen **126**
Orangen-Reis-Auflauf mit Granatapfelsauce **139**

P

Paella **16**
Paella-Bratlinge mit Muschel-Garnelen-Ragout **32**
Pistazien-Pfannkuchen-Torte mit Mokkasauce **150**
Provenzalischer Eintopf **96**
Profiteroles mit Vanillecreme **117**

Q

Quark-Soufflé mit Zitrusfrüchte-Ragout **84**

R

Ratatouille **76**
Ratatouille-Brote **79**
Ratatouille mit Kartoffelchips **80**

S

Salade niçoise **91**
Salat-Gemüse-Röllchen auf Thunfisch-Carpaccio **92**
Seeteufel, gebratener, mit dicken weißen Bohnen **118**
Seeteufelroulade mit Nudel-Tomaten-Salat **122**
Sesam-Kartoffel-Bällchen, gebackene, mit Möhrensalat **43**
Spaghetti alle cozze **121**
Spinat-Tortilla **24**
Stifado **66**
Stockfischbällchen **23**

T

Tarte au citron **95**
Teigtaschen, gefüllte **142**

W

Weinblätter, gefüllte **57**

Z

Zitronenhuhn **69**

REGISTER

Länder

Balkan
Balkanspieß mit Reissalat 104
Cevapcici mit Paprika-Tomaten-Salat 103
Djuvec-Reis 107
Garnelen-Fisch-Röllchen mit Paprikasauce 100

Frankreich
Bouillabaisse 87
Bouillabaisse-Tellersülze 88
Lammcarré mit Olivenkruste 83
Provenzalischer Eintopf 96
Quark-Soufflé mit Zitrusfrüchte-Ragout 84
Ratatouille 76
Ratatouille-Brote 79
Ratatouille mit Kartoffelchips 80
Salade niçoise 91
Salat-Gemüse-Röllchen auf Thunfisch-Carpaccio 92
Tarte au citron 95

Griechenland
Gefüllte Auberginenröllchen mit Tomaten-Paprika-Ragout 70
Gefüllte Hähnchenspieße mit Feta-Kartoffeln 58
Gefüllte Weinblätter 57
Grießflammeri mit Aprikosen in Honigsirup 61
Grießkuchen 73
Kräuterroulade mit Zucchini-Pappardelle 65
Mangoldröllchen auf Tsatsiki-Gurken-Nudeln 62
Moussaka 54
Stifado 66
Zitronenhuhn 69

Italien
Gebratener Seeteufel mit dicken weißen Bohnen 118
Kabeljau-Beignets mit Bohnensalat 113
Lachs-Cannelloni mit Tomatensugo 129
Lasagne alla bolognese 110
Meeresfrüchtesalat mit Gemüse 125
Miesmuschel-Ragout 114
Orangen-Joghurt-Schaum mit Krokanthippen 126
Profiteroles mit Vanillecreme 117
Seeteufelroulade mit Nudel-Tomaten-Salat 122
Spaghetti alle cozze 121

Marokko
Couscous mit Geflügel und Gemüse 136
Couscous-Salat mit Roastbeef 132
Milchreis mit Orangenkaramell 135
Orangen-Reisauflauf mit Granatapfelsauce 139

Spanien
Catalan-Törtchen mit Feigen-Sherry-Ragout 20
Crema catalana 27
Dattelspieße 31
Mallorquinisches Kaninchen 19
Mandelkuchen 35
Mandelschaum-Omeletts mit Pfirsichspalten 36
Mariniertes Kaninchen auf süß-saurem Zwiebelsalat 28
Paella 16
Paella-Bratlinge mit Muschel-Garnelen-Ragout 32
Spinat-Tortilla 24
Stockfischbällchen 23

Türkei
Baklava (Nuss-Honig-Schnitten) 145
Gefüllte Teigtaschen 142
Hackfleisch-Spinat-Tarte 149
Köfte mit Gurken-Melonen-Salat 153
Lammfilet im Teigmantel mit Spinatsalat 146
Pistazien-Pfannkuchentorte mit Mokkasauce 150

Tunesien
Dattelkuchen mit Schokoladensauce 44
Gebackene Sesam-Kartoffel-Bällchen mit Möhrensalat 43
Gebratene Kichererbsenbällchen mit Tomaten-Petersilien-Salat 48
Gefüllte Datteln 51
Gefüllte Kartoffelknödel mit Dattel-Orangen-Ragout 47
Kichererbsen-Geflügel-Eintopf 40